근대 유산, 그 기억과 향유

근대 유산, 그 기억과 향유

초판 1쇄 발행 | 2021년 12월 15일

지은이 | 이광표
펴낸이 | 조미현

펴낸곳 | (주)현암사
등록 | 1951년 12월 24일 제10-126호
주소 | 04029 서울시 마포구 동교로12안길 35
전화 | 365-5051~6 · 팩스 | 313-2729
전자우편 | editor@hyeonamsa.com
홈페이지 | www.hyeonamsa.com

ISBN 978-89-323-2095-3 03910

근대 유산, 그 기억과 향유

이광표 지음

ᠪ 현암사

차례

최근 10여 년 사이 근대 유산에 대한 관심이 커졌다. 근대의 흔적을 기억하고 경험하려는 움직임이다. 인천의 개항장 거리 일대와 차이나타운, 일제강점기 상흔이 남아 있는 군산의 도심, 군항제가 열리는 창원의 진해 도심 등지는 인기 명소로 자리 잡은 지 오래다. 군산에 가는 사람들은 우리나라에서 가장 오래된 빵집 이성당을 찾아 기꺼이 길게 줄을 서서 기다린다. 인천 차이나타운에서는 공화춘 짜장면을 먹으며 중화요리의 역사에 관심을 갖는다.

　서울 익선동 골목엔 근대풍 인테리어로 멋을 낸 한옥 카페가 즐비하다. 근대 복식을 빌려 입은 젊은이들은 이곳을 오가며 열심히 셀카를 찍는다. 경주 대릉원 옆 '황리단길'에선 젊은이들이 1970~1980년대식으로 꾸민 다방에서 커피를 마시고 옛날 사진관에 들러 흑백사진을 찍는다. 21세기 디지털 시대에 1,500년 전 신라 고분과 50여 년 전 근대 풍경이 한자리에서 만나다니, 흥미로운 모습이 아닐 수 없다.

근대 건축물을 문화공간, 카페 등으로 활용하는 사례는 이미 익숙한 풍경이 되었다. 옛 서울역, 서울의 당인리 발전소, 대구와 청주의 연초제조창, 부산 고려제강(F1963)처럼 규모 있고 유명한 공간뿐만 아니라 제주 도심의 순아커피, 문경의 가은역 카페처럼 작고 아담한 공간도 적지 않다. 요즘엔 더욱 과감해졌다. 청주에는 건축가 김수근이 1988년 설계한 대중목욕탕 학천탕이 있다. 이곳은 몇 년 전부터 8층 건물 가운데 1, 2층을 카페로 활용하고 있다. 목욕탕 내부를 절묘하게 살려 마치 대중탕에서 커피나 맥주를 마시는 것 같은 분위기를 제공한다.

오래된 빵집을 즐기는 사례도 늘었다. 군산의 이성당(1945년), 서울의 태극당(1946년), 대전의 성심당(1956년), 대구의 삼송빵집(1957년), 부산의 백구당(1959년)……. 빵 맛도 빵 맛이겠지만 그 빵집의 내력을 즐기고 싶은 마음도 숨어 있을 것이다. 노포(老鋪)에 대한 향수라고 할까.

오래된 브랜드에 대한 향수는 맥주로 이어졌다. 곰표 밀가루의 브랜드를 활용한 곰표 맥주, 말표 구두약의 브랜드를 활용한 말표 흑맥주, 백양 BYC 속옷 브랜드를 활용한 백양 비엔나 라거, LG의 전신인 금성전자 브랜드를 활용한 금성 맥주……. 모두 1960년대 전후 태어나 지금까지 우리와 함께해온 브랜드들이다. 급기야 1972년 출시되어 한 시대를 풍미했던 롯데 껌 쥬시후레쉬와 스피아민트 브랜드를 활용한 맥주까지 나왔다.

우리는 이렇게, 의도했든 의도하지 않았든, 일상 속에서 근대를 기억하고 경험하고 소비한다. 좀 과장하면 '근대가 대세'라고 할 수 있을 정도다. 그런데 최근의 현상을 보면 흥미로운 변화가 감지된다. 근대 건축물과 같은 물리적인 공간을 기억하고 경험하는 것을 뛰어넘어 근대의 분위기나 이미지를 경험하고 소비하는 경향이다. 시각적인 유형의 흔적을 넘어 무형의 흔적을 기억하고 경험하는 것이다. 이 같은 변화는 시사하는 바가 크다. 근대 유산을 어떻게 바라볼 것인지, 근대 유산을 어떻게 기억하고 소비하고 향유할 것인지 등에 대해 많은 고민거리를 제공하기 때문이다.

근대가 대세라고 했지만 한편으로는 아쉬움과 우려도 크다. 우선, 근대 유산을 훼손하거나 파괴하는 일들이 도처에서 벌어지는 현실을 꼽을 수 있다. 앞으로 50~100년이 흐르면 어엿한 문화유산으로 대접받을 텐데, 그것이 비록 사유재산이라고 해도 서둘러 미리 훼손하는 것은 안타까운 일이다. 근대 건축물을 활용하는 방식이 지나치게 단순하다는 점도 아쉬운 대목이다. 그 활용도는 십중팔구 전시장, 공연장, 카페다. 원래 건물의 맥락이나 의미는 무시한 채 그냥 전시장, 공연장, 카페로 쓰는 것이다. 고민과 성찰이 결여된, 너무나 손쉬운 활용이다. 근대 유산을 체계적으로 이론화하려는 작업도 아직은 부족한 편이다. 근대 유산은 그 양상이 워낙 다양한 데다 사회적 주목을 받은 지 얼마 되지 않아 기본적으로 이론화가 쉽지는 않다. 그럼에도 근대 유산에 대한 관심이 커지고 흥미로운 변화가 포착되는 상황이기에 좀 더 논리적이고 깊이 있는 탐구가 이뤄졌으면 한다.

내가 근대 유산에 관심을 갖게 된 것은 《동아일보》 기자 시절인

2000년대 초였다. 2001년 등록문화재 제도가 도입되면서 근대 유산에 관한 이슈가 늘어났고 그 덕분에 여기저기 현장을 둘러보고 이런저런 관련 기사를 쓰게 되었다. 그 무렵 서울 도심에선 무지막지한 건물을 짓느라 피맛골을 파괴하는 일이 벌어졌고, 1935년 건립된 국내 최초 영화전용관 스카라극장과 1920년대 최초로 증권거래가 이뤄졌던 옛 증권거래소 건물이 순식간에 철거되었다. 이뿐만 아니라 여기저기서 유사한 사례가 이어졌다.

2007년, 근대 산업유산을 둘러보기 위해 일본의 삿포로와 오타루 지역을 찾았다. 그때의 3박 4일 일정은 시종 신선한 충격이었다. 근대 산업유산의 보존과 활용에 있어 우리가 배워야 할 점이 참 많은 도시였다. 일본을 다녀오자마자 서천의 장항제련소 굴뚝을 찾았다. 보는 순간 굴뚝의 외관은 나를 압도해버렸다. 바다 건너 펼쳐진 군산의 모습도 인상적이었다. 제련소 굴뚝은 장항 근대사의 두드러진 상징물이다. 환경오염 논란도 있었지만 이 굴뚝이 잘 살아남아 서천의 명물이 되어야 한다는 생각이 들었다. 이런 과정을 거치면서 하나둘 근대 유산을 경험하고 고민하는 시간을 갖게 되었다.

요즘 나의 관심사 가운데 하나는 우리가 문화유산을 어떻게 인식하고 수용하는지에 관한 것이다. 근대 유산도 마찬가지다. 일반적인 문화유산에서 찾아볼 수 없는 근대 유산만의 특징은 무엇인지, 근대 유산을 우리는 어떻게 기억하고 수용하고 향유하는지, 근대 유산의 보존과 활용은 어떠한 방향으로 나아가야 하는지, 대략 이런 것들이다.

다소 부끄러운 얘기지만, 이 책은 그런 고민과 성찰의 결과물이라고 할 수 있다. 책의 1부 '근대 유산과 기억의 방식'은 근대 유산을 어떻게 받아들이고 어떻게 기억해야 할지, 향유와 소비는 어떻게 이뤄져야 할지 등에 대한 내용을 담고자 했다. 2부 '근대를 걷는다'에선 이 같은 관점과 문제의식을 토대로 근대의 다양한 현장들을 소개하고 의미 있는 시사점을 도출하고자 했다.

2017년 가을, 국립민속박물관이 마련한 근대 생활유산 조사연구방법론 연속 세미나에 참여할 기회가 있었다. 근대 유산을 어떻게 바라볼 것인지를 두고 고민하던 차에 '기억'이라는 키워드로 내 생각을 정리하고 논문을 쓸 수 있는 유익한 시간이었다. 이 책 1부의 글은 당시 세미나를 계기로 정리했던 논문을 수정, 보완하고 숙성시킨 것이다.

2016년부터 1년 반 남짓 '이광표의 근대를 걷는다'라는 이름으로 《동아일보》에 매주 연재를 했었다. 2부의 글은 그때의 연재물들을 기초로 삼았다. 당시 원고를 대폭 수정하고 보완했으며 새로운 아이템들을 추가했다. 연재를 마치고 몇 달 뒤 나는 대학으로 자리를 옮겼고 문화재위원회의 근대 분과 위원으로도 활동하고 있다. 근대 유산을 경험할 수 있는 기회를 제공해준 많은 분들께 감사의 말씀을 올린다.

근대 유산에 관한 책들은 이미 많이 출간되었다. 그런데도 감히 이렇게 또 한 권의 책을 세상에 내놓는 것은 근대 유산에 대한 고민과 성찰의 필요성, 관점의 중요성을 강조하고 싶었기 때문이다. 우리의 근대는 지독히도 지난한 시절이었기에 근대의 흔적은 무척이나 다채롭고 드라마틱하며 수시로 갈등과 논란이 개입한다. 이러한 측면을 입체적으로 기억하고 경험하기 위해선 시각적인 흔적에만 머물러선 곤란하다. 근대기의 다양한 행위와 생각들, 즉 무형의 흔적에도 관심을 가져야 한다. 근대 유산을 향유하고 활용하는 것도 마찬가지다.

그래서 옛 서울역(문화역 서울 284)을 예로 들어 우리 스스로에게 이런 질문을 던지고 싶다. 우리는 근대 유산을 제대로 기억하고 소비하고 향유하고 있는가. 옛 서울역을 지금처럼 활용하는 방식이 과연 적절한 것인가. 옛 서울역은 우리에게 어떤 존재여야 하는가. 사람마다 생각이 다르겠지만, 다시 묻고 다 함께 고민해봤으면 좋겠다.

2021년 11월

이광표

1부

근대 유산과 기억의 방식

1. 옛 서울역, 어떻게 만날 것인가

비록 식민 통치의 산물이지만, 그래서 이의를 제기하는 사람도 있겠지만, 옛 서울역사驛舍는 국내에서 가장 돋보이는 근대 건축물 가운데 하나다. 그리고 한국인이 가장 많이 드나들었던 공간이다. 1925년 건축된 이래 2003년 12월 31일 철도역으로서의 기능을 마감할 때까지 80년 가까이 이 땅의 무수한 사람들과 희로애락을 함께했다.

붉은 벽돌로 쌓은 르네상스식 2층 건물에, 한가운데 비잔틴식 돔을 멋지게 올렸고 중앙 출입문 처마에 커다란 원형 시계를 걸어 놓은 모습. 옛 서울역사는 KTX 개통으로 2004년부터 역으로서의 기능을 상실했다. 지금은 '문화역 서울 284'로 간판을 바꿔 달고 전시회를 주로 개최하고 있다. 그런데 허전하다. 이곳에서 서울역 100년의 역사와 흔적을 제대로 만날 수 있는지. 그저 전시만 열심히 기획하는 것은 아닌지. 저 의미심장한 건축물을 우리는 제대로

옛 서울역 전경

©문화재청

기억하고 소비하고 있는 것인지.

경성역에서 서울역까지

옛 서울역의 뿌리는 1900년으로 거슬러 올라간다. 당시 지금의 서
울역 북쪽 염천교 가까이에 남대문 정거장이 생겼다. 1899년 우리
나라 최초로 제물포에서 노량진까지 경인선 철도가 생겼고 이듬해
이 철도가 한강을 지나 서대문까지 연장되면서 이에 필요한 남대
문 정거장이 염천교 옆에 생긴 것이다. 이후 1922년 남대문 정거장

이 경성역京城驛으로 이름을 바꾸었고 1925년 경성역 건물을 새로 지었다. 그것이 바로 옛 서울역 건물이다. 경성역은 광복 이후 1947년 서울역으로 이름이 바뀌었다.

옛 서울역사는 1922년 6월 건축 공사에 들어가 1925년 9월 준공되었다. 설계는 일본인 쓰카모토 야스시塚本靖가 맡았고 공사는 남만주철도주식회사가 진행했다. 건물 규모는 지상 2층, 지하 1층에 총면적은 8,216제곱미터(2,480여 평). 중앙 건물엔 비잔틴풍의 돔을 얹었고 앞뒤 네 곳에 작은 탑을 세워 고풍스러운 분위기를 냈다. 1층 창의 3분의 2 되는 곳까지는 석재로 마감하고 그 위와 2층은 연분홍 벽돌로 마감했다. 역사의 처마엔 지름 1미터가 넘는 대형 시계를 걸었다. 1층에는 대합실과 귀빈실, 2층에는 이발실, 양식당(그릴)이 있었고 지하는 사무실로 사용했다.

옛 서울역사는 KTX 서울역사가 바로 옆에 신축되면서 2003년 12월 31일 철도역으로서의 기능을 마감했다. 이후 한동안 비어 있던 옛 서울역사는 2011년 8월, 신축 당시의 모습으로 복원되었고 이름을 '문화역 서울 284'로 바꾸어 복합문화공간으로 활용되고 있다. 이곳에서는 주로 다양한 전시와 공연 등이 이뤄지고 있다.

'문화역 서울 284' 홈페이지에는 옛 서울역의 연혁을 다음과 같이 설명해놓았다.

한국의 철도 역사는 경인선에서 시작되었습니다. 1900년에 경인선이 서울 남대문역까지 진입하게 되었고, 당시의 목조 역사를 남대문 정거장이라고 불렀습니다. 이는 경성역의 시초이자 역사의 시작이었습니다.

1922년부터 1925년까지 3년 동안의 공사 기간에 걸쳐 르네상스식 건축물로 새롭게 신축하였습니다. 쓰까모토 야스시가 설계하고 남만주철도주식회사에서 건립한 새 역사는 경성역으로 역사명을 변경하였습니다. 경성역은 규모도 상당했지만 붉은 벽돌, 화강암 바닥, 인조석을 붙인 벽, 박달나무 바닥으로 이루어진 유럽식의 이국적인 외관으로 큰 화제가 되었습니다. 특히 2층의 최초의 양식당 '그릴'은 양식당 자체를 그릴이라고 통용할 만큼 큰 인기를 끌었습니다.

2004년에 구역사가 폐쇄되고 2009년부터 2011년까지 2년 동안 경성역 원형 복원 공사를 진행했습니다. 경성역의 건립 당시의 사진 자료를 바탕으로 100년 전 역사 내부의 모습을 그대로 재현했습니다. 2011년에 완공된 과거의 서울역은 현재 복합문화공간인 문화역 서울 284로 활용하고 있습니다. 여기서 284는 옛 서울역의 사적 번호로, 역사와 예술 경험이 한데 어우러지는 문화역 서울 284의 특징을 잘 보여줍니다.

20세기의 가장 한국적인 흔적

일제가 경성역 건물을 신축하고 철도 건설에 열을 올린 것은 한반도를 침탈하기 위해서였다. 중국과 러시아로 군수물자를 운반하고 한반도의 식량 자원과 광산 자원을 약탈해 실어 나르기 위한 의도였다. 일제의 의도가 이렇다 보니 철도를 이용하는 데에도 한국인

옛 서울역의 정문 안쪽

차별이 빈번했다.《동아일보》는 1923년 3월 6일 자 사설에서 "다소의 편리를 이용하여 조선 사람들의 피를 빨아먹고 주머니를 빼앗아 가는 교통기관"이라고 비판했다.

기본적으로 식민 침략의 산물이었지만 유럽풍의 새로운 모습 덕분에 서울역은 당시부터 화제였다. 당시《동아일보》1925년 10월 8일 자엔 이런 기사가 실렸다.

> 2층 양옥 경성 정거장도 머지않아 손님을 맞고 보내게 된답니다. …… 이 집 구조의 내용은 가보시면 아시려니와 내부에는 승강기와 난방장치도 있고 …… 2층에는 이발실과 크고 작은 식당이 있다는데 200여 명분의 연회 설비도 할 만하답니다. 그 중에도 우스운 것은 중계^{中階}에는 돈을 내야 들어갈 수 있는 변소를 만들어두었답니다.

유럽풍의 이국적인 외관이 사람들을 사로잡았고, 2층에 들어선 최초의 양식당 '그릴'은 양식당을 가리키는 보통명사로 통용할 만큼 큰 인기를 끌었다.

서울역에는 수많은 사람들이 드나들었고, 그로 인해 다양한 사연과 흔적이 축적되었다. 이상의 소설 『날개』와 박태원의 소설 『소설가 구보씨의 일일』에 등장하는 식민지 지식인과 도회인의 낭만과 우울, 독립운동과 생계를 위해 만주로 떠나는 망명객 이주민들의 고단한 발걸음, 6·25전쟁과 피란 열차, 가난을 극복하겠다는 마음 하나로 무작정 열차를 타고 서울로 향했던 사람들의 설렘과 두

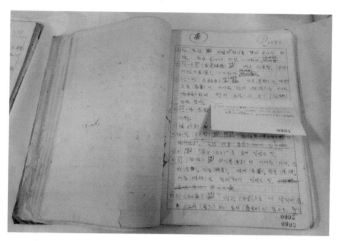

1945년 9월 8일 경성역 조선통운 창고에서 발견된
『조선말 큰 사전』 원고

ⓒ독립기념관

려움, 귀성표를 구하기 위해 긴 줄을 서서 밤을 지새우던 기억, 2층
그릴에서 맞선을 보던 청춘남녀의 설렘……

1930년대 말 일제 침탈이 극심해지던 시절, 서울역은 만주로
떠나는 사람들의 출발점이었다. 누군가는 먹고살기 위해 떠났고
누군가는 독립운동을 위해 서울역에서 먼 길을 떠났다. 군수물자
도 서울역을 거쳐 북방으로 이동했고, 돌아올 기약 없이 징용을 떠
나는 사람들도 서울역에서 출발했다.

광복 직후엔 이런 일도 있었다. 1945년 9월 8일, 경성역 조선통
운 창고에서 『조선말 큰 사전』 원고 2만여 장의 뭉치가 발견되었
다. 엄혹했던 시절, 조선어학회의 한글학자들이 목숨을 걸고 작성
한 원고였다. 1942년 조선어학회 사건으로 한글학자들이 체포되어

원고를 빼앗겼고 그 이후 행방을 알지 못했던 그 원고가 서울역사에서 극적으로 발견된 것이다.

1960년대 이후 경제 발전기가 되면 서울역은 희망의 상징 공간이었다. '무작정 상경上京'은 그 시절의 생존 방식이었다. 사람들은 먹고살기 위해 서울행 열차에 몸을 실어야 했다. 서울역은 꿈을 찾아 떠나는 민초들에게 첫 희망의 통로였다. 상경의 꿈이 절절할수록 고향에 대한 그리움은 더 깊어져 갔다. 1960~1980년대 명절 때만 되면 서울역 광장은 고향을 찾는 귀성객들로 며칠 동안 붐볐다. 열차표를 구하기 위해 밤을 지새우는 사람들로 서울역 광장과 주변은 인산인해를 이뤘다.

서울역은 그런 곳이었다. 지난 100년 우리의 영욕과 애환이 가득한 곳이다. 어느 하루도 그냥 넘어간 날이 없을 정도다. 그렇기에 옛 서울역사에서의 경험은 사적인 영역에 머물지 않는다. 그곳에서의 흔적은 개인의 차원에 그치지 않고 사회적·역사적 차원까지 포함한다.

옛 서울역은 보통의 열차역이 아니다. 단순히 열차가 섰다 출발하고, 열차를 타고 내리는 공간이 아니다. 20세기 한반도와 여기 살았던 사람들의 정치적·경제적·사회적·문화적·일상적 삶의 흔적들이 다층적으로 축적되어 있는 공간이다. 20세기 한국의 근대 문화유산 가운데 이보다 더 진지하고, 이보다 더 위대한 공간의 흔적이 또 어디 있을까.

옛 서울역 1층 중앙홀 천창의 스테인드글라스

전시장에 갇힌 옛 서울역

옛 서울역사는 1981년 사적 284호로 지정되었다. 옛 서울역사는
KTX 개통과 함께 새로운 역사가 생기면서 2004년부터 역의 기능
을 마감했다. 그러고는 한동안 방치되다 2011년 복원되었다. 복원
작업은 1925년 신축 시점의 건물을 최대한 되살리면서 서울역의
역사를 모두 담는 방향으로 진행되었다. 1920년대 사진을 토대로
벽난로와 몰딩, 벽지 등을 원형에 가깝게 복원했다. 건물 뒤쪽 외벽
의 6·25전쟁 당시 총탄 자국도 그대로 두었고 1970년대까지 대통
령이 이용했던 1층 귀빈실도 되살렸다.

　1층 중앙홀 천장에 있었던 천창天窓도 되살렸다. 중앙홀 천창은
원래 8×8미터 크기의 정사각형 스테인드글라스로 되어 있었는데
6·25전쟁으로 파괴된 뒤 폐쇄했다. 1925년 서울역 신축 당시 스테
인드글라스의 모습은 남아 있지 않아 새로 제작했다. 제작은 미술

옛 서울역의 이발소 자리에 들어선 역사관

작가인 조광호 신부가 맡았다. 1×1미터짜리 유리 64장으로 구성된 중앙홀의 새 스테인드글라스는 은근하면서도 생동감 넘치는 모습이다. 한가운데에 3태극을 배치하고 그 주변에 두 겹의 선이 다양한 색상의 하트 모양으로 물결치듯 돌아간다. 사각형 스테인드글라스의 네 모퉁이에도 이 같은 디자인을 반복해 넣었다.

이렇게 복원된 옛 서울역사에서는 주로 전시회가 열린다. 가끔 공연이나 행사도 열린다. 그런데 전시와 공연을 통해 옛 서울역 100년의 경험과 흔적을 제대로 느낄 수 없다. 물론 2층에 복원 전시실이 마련되어 있기는 하다. 이곳은 원래 옛 서울역의 이발소 자리였다. 여기에선 복원 공사 도중 확보된 건물 부재나 관련 자료, 영상 등을 보여주고 있다. 복원 전시실을 마련한 것은 고무적인 일이지만 이발소의 분위기를 전혀 살리기 못한 점은 아쉬운 대목이다.

2층 대식당 '그릴' 또한 마찬가지다. '그릴'은 우리나라 최초의 양식당이었다. 그런데 '그릴'의 내부 인테리어는 복원했지만 그곳의 음식과 관련된 흔적은 전혀 만나볼 수 없다. 음식과 연관된 전시나 공연은 물론이고 재현 행사 같은 것도 제대로 이뤄지지 않는다. 옛 서울역사에서는 보통의 갤러리나 공연장에서 열리는 전시와 공연만 하고 있다. '그릴'이라는 공간만 남아 있고 '서울역 그릴'과 관련된 콘텐츠는 전혀 구현되지 않고 있는 상황이다.

　물론 시도가 없는 것은 아니다. 2020년 이곳에선 〈호텔사회〉라는 이름의 전시가 열린 적이 있다. 근대기 호텔 문화를 보여주는 전시였다. 최근의 레트로 분위기를 살려 호텔과 얽힌 근대 풍경을 보여주고자 했다. 서울역이 등장한 일제강점기의 일상 문화를 보여주었다는 점에서 화제가 되었다. 이런 점은 긍정적으로 평가할 수 있지만 여전히 아쉬움이 남는 전시였다. 옛 서울역이라고 하는 공간 하나하나에 대한 고민의 흔적을 찾아보기 어려웠기 때문이다.

　옛 서울역사를 찾는 사람들은 옛 서울역에 관한 추억을 떠올리지만 복원된 건물 외에는 그 기능의 흔적을 찾아볼 수 없다. 복원된 건물의 물리적 형태에서도 옛 서울역의 시간성, 역사성을 느낄 수 있긴 하지만, 전시·공연이라는 콘텐츠의 측면에서 보면 그냥 보통의 전시이고 공연일 뿐이다. 전시나 공연 장소가 오래된 건물(근대건축물)이라는 차이만 있을 뿐 곳곳에서 벌어지는 전시 공연과 다를 바 없다. 형태만 남아 있고 그곳이 담고 있던 행위와 감성의 흔적이 사라진 것이다.

옛 서울역 vs 문화역 서울 284

옛 서울역사는 복원 이후 복합문화공간으로 활용되면서 그 공식적인 이름이 '문화역 서울 284'로 바뀌었다. 2011년 당시 문화관광부와 한국공예디자인문화진흥원은 이 서울역을 문화공간으로 만들어 문화의 매력을 전파하는 거점으로 삼겠다는 취지 아래 '문화역 서울'이라고 이름 지었다. 그리고 옛 서울역이 사적 284호라는 이유로 숫자 284를 덧붙였다.

이에 관해 '문화역 서울 284' 홈페이지에 이런 설명이 실린 바 있다.

> 대국민 공모를 통해, 역사적·공간적·도시적 상징성을 결합해 탄생했습니다. 옛 서울역의 사적번호(284)를 문화공간이라는 컨셉과 접목하였습니다. 또한, 사적으로서의 모습과 그 가치를 보존하면서 동시에 다양한 문화가 교차되는 역으로서의 의미를 계승하자는 의미가 담겨 있습니다.

그런데 이 명칭은 그 개념이 불분명해 대중들에게 와 닿지 않는다. 문화역이라고 하는 다소 모호하고 추상적인 개념과 284라고 하는 난해한 숫자가 얽혀 있는 형국이다. 사람들은 대부분 284라는 숫자의 의미를 모른다. 그렇기에 284라는 숫자는 별 의미가 없다.

예전처럼 '옛 서울역'이라고 하면 서울역이 지니고 있는 오랜 영욕의 역사와 보통 사람들의 무수한 삶의 애환이 느껴질 것이다. 하지만 '문화역 서울 284'에서는 그런 느낌을 받을 수 없다. 누군가

2011년 8월, 옛 서울역은 신축 당시의 모습으로 복원되었고 이름을 '문화역 서울 284'
로 바꾸어 복합문화공간으로 활용되고 있다.

는 '옛 서울역'이라고 하면 촌스럽다고 생각할지 모른다. 물론 촌스
러울 수는 있지만 그것이 외려 이 건물의 본질을 더 잘 구현한다.
'문화역 서울 284'는 세련된 느낌을 줄 수는 있지만 이 공간의 역
사와 본질은 보여주지 못한다. 결국, 명칭에서도 옛 서울역의 본래
적인 역사와 기능을 외면한 셈이다. 게다가 최근 들어 다소 난감한
상황이 생겼다. 문화재청이 국가지정문화재의 지정 번호를 폐지하
기로 한 것이다. 지정 번호는 관리 번호에 불과한데 이것을 순위 개
념, 우열 개념으로 받아들이려는 경향이 강해 번호를 폐지하기로
했다. 이에 따라 '사적 284호 옛 서울역사'는 2021년 말부터 '사적

옛 서울역사'로 바뀐다. 사적 284호이기 때문에 '문화역 서울 284'라고 정했는데, 그 번호가 사라지게 되었으니 '문화역 서울 284'의 명칭도 난감해졌다. 지정 번호 284에 과도하게 집착해 이름을 지은 것이 결국 이런 상황으로 이어진 것이다.

옛 서울역(문화역 서울 284)은 건물을 원형으로 복원하고 복원 전시실을 마련했지만 거기 담겨 있던 무형의 흔적은 제대로 복원하지 못했다. 서울역의 역사와 본래 기능을 외면한 채 흔하디 흔한 전시 공간으로만 활용하고 있는 상황이다. 이곳에서 우리는 옛 서울역의 영욕의 역사를 얼마나 느끼고 체험할 수 있을까. 이곳 문화역 서울 284에서 『조선말 큰 사전』 원고를 발견했던 그 감격을, 원고 2만여 장에 담겨 있는 수난의 흔적을 우리는 다시 느낄 수 있는 것일까. 문화공간이라는 명분으로 그 흔적을 획일적으로 받아들이도록 하고 있는 것은 아닐까.

게다가 전시나 공연이 열리는 기간 외엔 옛 서울역사를 상시 개방하지 않아 일반인들이 내부로 들어가 보기도 어렵다. 시간을 정해 하루에 세 차례 도슨트 가이드의 설명으로 내부 관람을 할 수 있지만, 그것으로 내밀한 흔적을 느끼기에는 많이 부족하다.

공간은 그대로 있지만 옛 서울역이 지닌 맥락이 사라진 것이다. 원래의 맥락을 충분히 이어갈 수 있는데도 애써 외면하고 있는 형국이다. 근대 유산 옛 서울역사의 수용과 활용에 있어 냉정한 성찰이 필요하다.

타고 내리는 것의 의미

사적 284호 옛 서울역사를 복원하고 활용하고자 했던 것은 그곳이 다름 아닌 '서울역'이었기 때문이다. 일제가 침략 의도와 함께 근대의 욕망을 시각적으로 드러낸 공간이었다는 사실, 1925년부터 2003년까지 80년 가까이 무수히 많은 한국인들이 열차를 타고 내렸던 서울의 관문이었다는 사실, 역사와 삶의 다양한 층위의 흔적이 남아 있다는 사실, 바로 그것에 주목해 복원 활용하고자 한 것이다.

그렇다면 여기서 가장 중요한 것은 열차역으로서의 역사歷史가 아닐 수 없다. 그 역사가 지금 옛 서울역사(문화역 서울 284)라는 존재의 출발점이다. 옛 서울역에서 가장 본질적이고 근원적인 것은 열차를 타고 내리는 기능이다. 여기에 주목할 필요가 있다. 승하차 기능을 일부 되살리는 것에 대해 적극적으로 고민해야 한다는 말이다. 옛 서울역사는 현재 KTX 서울역사와 연결되어 있다. 옛 서울역사에서 나가면 바로 철길이 있고 플랫폼이 있다. 철도 기능의 일부를 복원할 수 있는 상황이다. 근대건축사 전공인 안창모 경기대 교수는 이렇게 말한다.

> 서울역사는 여전히 기차역으로서의 역할을 충분히 수행할 능력이 있다. 지금도 구 서울역사의 플랫폼이 완전히 죽은 것은 아니다. 일부이기는 하지만 문화역 뒤편의 플랫폼에서는 기차를 탈 수 있고 대통령의 지방 나들이 역시 구 서울역의 플랫폼을 이용한다. 단지 플랫폼과 구 서울역사가 인접해 있으면서도

기능적으로 연계되어 있
지 않기 때문이다. 플랫
폼과 구 서울역사를 가로
막고 있는 문만 연결한
다면 구 서울역사는 다시
원기능을 회복할 것이고
이는 KTX 신역사와 함
께 훌륭하게 시너지 효과
를 낼 수 있는 기차역의
역할을 수행할 수 있을 것이다.[1]

옛 서울역, 어떻게 만날 것인가

우리는 100년 된 철도역 건물에서 열차를 타고 내릴 수 없는 것일
까. 옛 서울역사와 그 주변에서 현재 타고 내리는 것이 완전히 불가
능하다면 승하차 기능을 굳이 되살리자고 말할 필요는 없다. 그렇
다면 옛 서울역 건물을 전시 공연의 문화공간으로만 활용해도 좋
을 것이다. 하지만 지금의 옛 서울역사는 그런 상황이 아니다. 바
로 옆 KTX 서울역사와 철도 레일이 연결되어 있고 열차들이 수없
이 오가고 있다. 옛 서울역사는 대합실로 활용해도 충분할 정도로
안전하다. 하루의 특정 시간대를 정해 철도역으로서의 기능을 일
부 살린다고 해도 문제가 되지 않을 것이다. 그런데도 옛 서울역사
의 기능을 완전히 봉쇄했다. 옛 서울역사와 신축 서울역사를 애써

©문화역 서울 284

단절시켜버렸다. 이것이 근대의 흔적에 대한 진정한 예우인지 돌아보지 않을 수 없다. 근대의 기능을 이 시대에도 살려가고 그 토대 위에서 우리 시대의 문화 흔적을 덧붙이는 것이 더 적절한 일 아닐까.

유럽이나 일본 등지를 여행하다 보면 오래된 열차역을 종종 만난다. 세월의 흔적이 흠뻑 묻어나는 열차역. 우리는 그곳에서 열심히 추억을 만든다. 대합실 내부를 둘러보고 빛바랜 외관을 배경으로 사진을 찍는다. 그것을 주변 사람들과 공유하며 그 열차역의 역사와 문화와 건축에 대해 이야기한다. 그런데 정작 우리의 열차역에서는 그런 모습을 발견할 수 없다. 100년 역사의 옛 서울역이 있는데도 말이다.

열차를 타고 내리는 기능, 그것의 일부라도 되살아날 때 옛 서울역의 수난사도 제대로 기억할 수 있다. 그동안 우리가 서울역에서 경험했던 수난의 역사는 모두 서울역이 열차역이었기 때문이다. 식민 통치의 수난과 치욕을 제대로 기억하기 위해서라도 옛 서울역의 활용 방식은 본래의 기능에 더 충실해야 한다. 지금처럼 전시 기획만 열심히 한다고 해서 되는 것은 아니다.

우리는 근대 건축물의 활용이라고 하면 무조건 전시장, 공연장으로 생각한다. 거의 대부분이 그렇다. 본래의 기능이나 본질적 가치를 무시하고 그저 전시 공연장으로 쓴다. 고민의 부족, 성찰의 부족이다. 우리는 지금 옛 서울역 100년의 역사를 제대로 기억하고 있는가. 저 근대 건축물을 제대로 소비하고 있는가.

2. 근대 유산의 특성

넓은 의미에서 문화유산(문화재)은 옛사람들이 남긴 유형·무형의 삶의 흔적이라고 할 수 있다. 그런데 우리나라의 문화재보호법상에 따른 문화유산이라고 하면, 통상적으로 100년 이상의 역사를 지닌 것을 말한다. 물론 예외도 있지만 대체로 19세기 이전에 생성된 것들이다.

그럼, 통상적인 문화유산과 근대 유산(근대 문화유산)은 어떤 차이가 있을까. 근대 유산은 근대기 우리 선인들의 삶의 흔적이다. 대체로 20세기 초반 이후부터 50여 년 전 사이의 것들이라고 할 수 있다. 통상적인 문화유산과 근대 유산의 가장 큰 차이는 그것이 생성된 시기이다. 생성된 지 100년이 넘은 것은 통상적인 문화유산의 범주에 들어가고 생성된 지 50~100년 된 것은 근대 유산의 범주에 들어간다고 보면 된다. 이 글에서는 통상적인 문화유산과 근대 유산을 구분하는 의미에서 통상적인 문화유산을 '전통적 개념의 문화유산'으로 부르고자 한다.

근대 유산을 좀 더 체계적으로 이해하기 위해선 등록문화재 제도에 대한 설명이 필요하다. 문화재보호법상 국가(또는 지방자치단체)가 관리하는 문화재는 지정문화재와 등록문화재로 나뉜다. 지정문화재 제도는 국가가 특정 대상을 국가 문화재로 지정해 엄격하게 관리하는 것으로, 1962년 문화재보호법 제정과 함께 도입되었다. 여기에는 국보, 보물, 사적, 명승, 천연기념물, 국가무형문화재, 국가민속문화재 등이 포함되며 통상 생성된 지 100년 이상 된 것을 대상으로 한다.

그럼, 등록문화재는 무슨 의미이며 지정문화재와는 어떤 차이가 있는 것일까. 우선, '등록'은 '지정'보다 유연한 개념이라고 보면 된다. 등록문화재는 근대기에 생성된 문화유산, 즉 근대 유산을 대상으로 한다. 생성된 지 100년이 되지 않아 지금 당장 지정문화재가 될 수는 없지만, 100년이 지나면 지정문화재가 될 수 있는 것들이다. 그러한 근대 유산을 문화재로 지정하기에 앞서 일단 문화재로 등록해 관리하자는 것이 바로 등록문화재 제도의 취지라고 할 수 있다. 등록문화재 제도는 2001년 도입되었다. 100년이 되지 않은 건축물이나 물건, 예술품 등과 같은 근대 유산들이 사라지거나 훼손되는 경우가 점점 늘어나자 그 보존 대책의 일환으로 등록문화재 제도를 도입한 것이다.

따라서 등록문화재는 지정문화재로 가기 위한 전前 단계라고 보면 좋다. 그것은 일종의 예비 문화재인 셈이다. 이것이 바로 근대 유산의 중요한 속성 가운데 하나다. 이런 점에 초점을 맞춰 근대 유산의 특성을 살펴보면 근대 유산을 이해하는 데 적잖은 도움이 된다. 그럼 이제, 근대 유산의 특성을 현재성과 동시대성, 가변성으로 나누어 살펴보기로 하자.

현재성과 동시대성

근대기 삶의 흔적인 근대 유산은 매우 다종다양하다. 그 다양한 양상은 등록문화재 목록만 보아도 쉽게 알 수 있다. 각종 건축물, 거리, 시장, 예술가들의 고택과 작업실, 철도와 간이역, 식당과 빵집, 각종 빌딩과 여관, 이발소·미용실과 목욕탕, 지하도와 터널, 묘지, 교회와 성당, 극장과 서점, 영화 필름과 책들……. 전통적 개념의 문화유산도 그렇지만 근대 유산은 특히 더 다양하고 그 폭이 넓다. 그것은 현재까지 이어지는 생활유산이 많기 때문이다. 이는 우리의 현재 일상과 직접적으로 연결되는 경우가 많다는 것을 의미하기도 한다.

20세기 근대 유산은 전통적 개념의 문화유산과 달리 현재로 이어지는 경우가 대부분이다. 지금도 해당 근대 유산을 사용하고 있다는 말이다. 예를 들어 일제강점기에 또는 1950~1960년대에 지어진 건축물 가운데 지금도 사람들이 생활공간이나 사무 공간, 상업 공간으로 사용하는 경우가 적지 않다. 사람들은 해당 건축 공간을 사용하면서 처음 지어졌던 용도 그대로 사용할 수도 있고 내부나 외관을 다소 바꾸어 다른 용도로 사용할 수도 있다. 건축물의 경우엔 이렇게 지금도 사람들이 그 공간에서 생활하고 관련 행위에

옛 대한의원의 시계탑

동참하며, 물건의 경우엔 사람들이 그것을 직접 사용하기도 한다.
이는 근대 유산이 과거로 종료된 것이 아니라 지금도 이 시대의 사
람들과 교유하고 소통하고 있음을 의미한다. 근대 유산은 이렇게

현재적이고 동시대적이다. 이런 점에서 근대 유산은 전통적 개념의 일반적인 문화유산과 차이가 있다. 전통적 개념의 문화유산은 대부분 100여 년이 넘은 것들이어서, 현재 우리가 사용하는 경우는 매우 드물다.

근대 유산의 현재성, 동시대성은 이 시대 사람들의 관심을 이끌어내어 참여 의식과 소유 의식을 촉발한다. 사람들은 그러한 과정을 통해 근대 유산의 현재적 가치를 발견하게 된다. 좀 더 엄밀히 말하면 기존의 가치에 이 시대의 새로운 가치를 추가하는 것이다. 근대 유산은 이렇게 보존의 가치는 있지만 아직 그 의미와 가치가 확정된 것은 아니다. 근대 유산을 두고 예비 문화재(예비 문화유산) 또는 미래 유산이라고 부르는 것도 이 같은 맥락에서다.

가변성

근대 유산은 가변적이라는 특성도 지니고 있다. 근대 유산의 가변성은 앞서 살펴본 현재성, 동시대성과 연결되어 있다. 근대 유산은 애초의 의미와 용도, 가치에 지금의 의미와 용도, 가치가 추가된다. 이를 좀 더 극단적으로 표현하면 의미와 용도, 가치가 변하는 것이다.

근대 유산과 달리 전통적 개념의 문화유산은 지금 이 시대의 우리가 개입해 그 의미나 용도 등을 변화시킬 가능성이 희박하다. 오래된 문화유산일수록 그 존재 가치나 의미 등이 이미 확정되어 있다. 이를 좀 더 정확히 말하면 오래된 문화유산은 우리가 그 의미와 가치 등을 확정된 것으로 받아들이게 된다(또는 받아들이도록 관습화되어 있다).

그러나 근대 유산은 다르다. 근대 유산은 과거이면서 현재이다. 과거의 연속이면서 거기에 새로운 변화가 축적된다. 현재와 연결되어 있고 현재의 사람들이 행위에 참여한다. 따라서 그 의미와 가치, 평가와 해석 등이 모두 변할 수 있다. 평가가 고정되어 있지 않다는 의미다. 이는 또한 해석과 평가에 있어 여전히 논란이 있을 수 있고 주관적일 수 있다는 얘기다.

이렇게 근대 유산은 완결된 것이 아니라 늘 변화하고 진행 중이다. 지금의 나, 우리와 연결되어 존재하기 때문이다. 따라서 근대 유산은 그 어떤 문화유산보다도 이 시대 대중들의 수용과 인식의 문제가 더욱 중요해진다. 어떻게 바라보는가 하는 관점의 문제가 중요하다는 말이다.

이러한 측면은 역설적으로 근대 유산의 인식과 수용에 있어 일종의 딜레마로 작용하기도 한다. 현재성과 가변성을 강조하다 보면 이 시대 수용자들의 생각과 판단이 중요해진다. 앞서 살펴본 옛 서울역의 활용 또한 이 같은 측면으로 볼 수 있다. 이 시대 사람들의 시각으로 볼 때 과거의 기능이나 기억에 맞춰 활용하기보다는 지금의 상황에 맞게 일반적인 갤러리, 공연장으로 활용하는 것이 당연할지도 모른다. 굳이 철도역으로서의 기능이나 역할을 되돌아볼 필요가 없는 것이다. 또한 건물의 형태를 유지하는 것만으로도 역의 기능을 충분히 기억하고 있다고 판단할 수도 있다. 현실적인 상황에서 이러한 견해를 부정적으로만 평가할 수는 없다. 그럼에도 옛 서울역의 본질적인 기능과 역사의 측면에서 본다면 본래의 맥락에서 벗어난 것이다. 특히, 옛 서울역 건물은 여전히 본래의 기능을 수행할 수 있는 여건을 갖추고 있다. 게다가 옛 서울역은 개인의 재산이 아니라 국가의 재산이기에 사유재산권 침해의 소지도 없다. 이런 경우라면 가변성 못지않게 근대 유산 본래의 기능과 맥락을 추구하는 것이 필요해 보인다.

3. 근대 유산과 기억의 방식

앞에서 옛 서울역을 기억하고 활용하는 방식에 대해 문제를 제기했다. 역사성을 무시하거나 외면한 채 현재의 관점으로만 기억하고 활용하는 방식에 대한 성찰이 필요하다는 문제 제기다. 서울역의 본래 기능과 의미를 외면하고 통상적인 전시 공간과 공연 공간으로만 활용하는 것은 엄밀히 말해 '기억의 단절'이다. 본래의 기능과 의미를 기억할 수 없는 상태이기 때문이다.

하지만 기억의 단절은 어쩌면 당연한 것이라고 볼 수도 있다. 이 시대의 관점에서 이 시대의 기능과 효율에 맞추어 옛 서울역을 바라보고 활용하는 것이 더 중요하다고 판단하면, 기억의 단절로 받아들이지 않을 것이다. 문화유산을 인식하고 수용하는 기준이나 관점은 시대와 상황에 따라 변하는 것이기에 꼭 옛 서울역의 본래 기능에 집착할 필요가 없다는 견해이리라.

그럼에도 지금의 옛 서울역은 우리에게 중요한 질문을 던진다.

지금의 방식이 타당한 것인가, 그렇지 않은가. 그것은 다름 아닌 이 시대의 우리가 옛 서울역을 어떻게 기억할 것인지의 문제이기도 하다. 과연 우리는 옛 서울역이라는 근대 유산을 제대로 바라보고 있는 것인가, 이 시대 옛 서울역의 본질과 핵심은 무엇인가. 이 같은 문제는 옛 서울역에만 국한되는 것은 아니다. 우리 주변에서 만나는 근대 유산은 대부분 이런 문제에 봉착해 있다.

근대 유산을 보존하고 활용하는 행위는 모두 그 대상을 기억하는 것이고 동시에 기억하기 위함이다. 그런데 그 기억의 행위에는 다양한 층위가 있고 다양한 관점이 반영된다. 그렇기에 기억이라는 개념과 행위에 초점을 맞추어 근대 유산의 특성과 그에 따른 보존 및 활용 방안을 살펴볼 필요가 있다. 그것은 근대 유산을 기억하는 행위는 어떻게 이뤄지며 그 기억에는 어떤 층위가 존재하는지, 그러한 기억의 방식은 문화유산을 어떻게 인식하고 수용하는 결과를 가져오는지, 그리고 이를 토대로 근대 유산을 어떻게 보존하고 활용해야 하는지에 대한 고민의 과정이기도 하다.

기억의 의미

독일의 이집트학자 겸 문화인류학자인 알라이다 아스만은 "모든 길은 기억으로 통한다."라고 했다.[2] 뮤지엄(박물관, 미술관), 문화유산과 기념물, 민속과 축제 등이 지니고 있는 기억의 의미를 함축적으로 표현한 것이다. 우리가 근대 유산을 포함한 문화유산을 연구 답사하고 보존 활용하는 것은 결국 그 대상을 기억하는 행위이다.

옛 서울역의 계단

기억의 행위에는 두 층위가 있다. 과거(역사)에 대한 기억(기억 1)과 현재의 기억(기억 2)이다. 근대 유산을 보존 계승하고 활용하는 것은 그 대상을 기억하는 것(기억 1)에서 출발한다. 그 기억(기억 1)을 유지하고 거기에 우리 시대의 기억을 축적해(기억 2) 후대에 전해준다. 그것은 또 다른 미래의 기억(기억 3)으로 변화한다.

특정 대상에 대한 기억은 다양하다. 또한 기억은 시대에 따라 늘 변한다. 그리고 기억은 다양하게 변주된다. 시대를 거치면서 기존의 의미를 확장하고 또는 변형하고 동시에 새로운 의미를 만들어낸다. 다음의 글들은 기억의 이 같은 특징을 잘 설명해준다.

> 기억은 가변적인 쟁점이고 전략들의 집합이며 존재하는 것으로서보다는 만들어지는 것으로서 더욱 가치가 있는 어떤 실재이다.[3]

> 한 사회는 기억되고 반추할 만한 가치, 사실이나 역사적 사건을 결정하고 이것을 다음 세대에 전달함으로써 세대 간의 소통을 매개한다. 동시에 집단 기억 자체는 과거를 재현하는 역할에 머무르지 않고 부단히 현실의 맥락에 개입하고 유통됨으로써 스스로의 존재 범위를 확장한다.[4]

기억은 어떤 결과이기도 하지만 어떤 의도가 개입되는 과정이기도 하다. 기억은 과거로 완료된 것이 아니라, 현재가 늘 개입하고 관여하는 과정이라는 말이다. 지금의 기억은 완결된 것이 아니라 새로운 기억을 만들어나가는 과정이다.

근대 유산과 기억의 맥락

근대 유산을 기억하는 방식도 예외일 수 없다. 근대 유산은 특히 기억의 현재적 특징을 잘 보여준다. 옛 서울역의 경우, 일제강점기 때의 기억과 6·25전쟁 당시의 기억, 고도 경제성장기의 기억, 1980년 '서울의 봄' 당시의 기억은 모두 다를 것이다. 근대 유산을 기억하는 방식에는 이렇게 시대의 관점과 이념 등이 반영된다.

기억문화이론에 따르면 "기억은 자연발생적이기보다는 문화적인 차원을 지닌다. 기억은 다양한 매체를 통해 지속적이고 체계적으로 전승될 수 있으며 그 과정에서 고유한 정체성과 문화가 형성된다."[5] 즉, 현재의 우리가 어떻게 바라보는가, 어떻게 기억하는가(기억하려 하는가)가 그 기억의 방향과 내용을 규정한다. 그렇게 기억한 대상은 역으로 동시대인들의 기억에 영향을 미친다. 예를 들어 박물관과 기념물 같은 기억의 장소는 한 개인과 한 사회의 기억을 만들어내는 장치이거나 제도로 작용한다.

앞서 말한 기억 1은 과거의 기억, 즉 역사적 기억이다. 이와 달리 기억 2는 현재적 기억이다.[6] 역사적 기억은 그 의미나 가치가 거의 확정적이다. 하지만 현재적 기억은 현재의 가치와 이념, 의도 등이 개입한다. 역사적 기억과 현재적 기억은 단절되어 있기도 하고 연결되어 있기도 하다. 역사적 기억에 현재적 기억이 축적되면서 기억 3, 즉 미래의 기억으로 나아간다. 그러나 그 기억의 과정이 순탄한 것만은 아니다. 기억은 시간을 거치면서 갈등하고 투쟁한다. 그 갈등과 투쟁은 무엇을 기억하고 무엇을 기억하지 않을 것인지에 관한 것이다.

이렇게 갈등과 투쟁, 취사선택의 과정을 거치면서 기억은 더 큰 정통성을 확보하고 결국 더욱 공고해진다. 프랑스의 국기인 삼색기나 프랑스의 국가인 라마르세예즈는 현재 프랑스 공화주의의 상징이다. 그러나 깃발과 노래는 100여 년 넘게 진보 공화파와 보수 왕당파 사이에서 온갖 부침을 거듭했다. 양 세력은 이들을 자신의 상징으로 삼기 위해 투쟁했고 그 과정을 통해 그 의미와 가치를 공고하게 만들 수 있었다.[7] 이러한 갈등과 투쟁의 과정은 그 기억을 더욱 공공화公共化하는 역할을 하기도 한다. 그렇게 형성된 "공동의 기억은 사회 결속력의 수단"이 된다.[8] "기억은 후대가 기억하기 때문에 기억되는 것"이라거나 "공동의 기억은 곧 정체성이다. 또한 인간을 결속시킨다."라는 견해도 이와 상통한다.[9]

근대 유산을 기억하는 것은 지금까지 전해온 기억의 과정(갈등과 투쟁, 취사선택, 이념과 시대상의 반영 등)까지 인식하고 수용하는 것이다. 기억문화이론에서 언급한 것처럼, 근대 유산을 통한 기억은 그때까지를 기억하는 것과 새로운 기억을 만들어가는 과정의 연결이다. 따라서 앞서 언급한 근대 유산의 가변성은 곧 새로운 가치를 발견하고 새로운 의미를 축적하는 과정이다. 이는 과거의 기능과 현재성의 통일, 즉 역사적 기억과 현재적 기억의 통일이기도 하다. 또한 본래의 기능이나 원형을 유지하는 것뿐만 아니라 현실과 연결되는 생활 속의 실질적 기능을 모두 고려해야 한다는 것이다. 그렇기에 근대 유산을 기억하는 것은 곧 역사적 가치와 현재적 가치의 통일이라고 할 수 있다. 이것은 전통적 개념의 문화유산보다 근대 유산에서 더욱 두드러진 양상이다.

4. 기억의 방식과 근대 유산의 보존 활용

우리가 근대 유산을 이해 연구하고 보존 활용하는 과정은 역사적 기억과 현재적 기억이 만나 미래의 기억을 만들어나가는 과정이다. 여기에서는 이런 관점을 토대로, 우리 사회가 근대 유산을 어떻게 기억하고 있는지 구체적인 사례를 통해 살펴보고자 한다. 앞서 말한 기억 1~3의 개념을 참고해 근대 유산을 기억하는 유형을 ① 기억의 통일 ②기억의 단절 ③맥락의 상실 ④기억의 단절과 맥락의 상실로 나누어보겠다.

우선 ①기억의 통일은 역사적 기억과 현재적 기억의 조화, 역사적 가치와 현재적 가치의 조화가 구현되고 있는 경우다. 근대 유산 실물이 보존되어 있고, 그것의 본래 용도나 의미를 지키면서 현재의 용도를 가미해 사용하고 있는 경우라고 할 수 있다.

②기억의 단절은 근대 유산의 실물은 남아 있는데 현재의 기억이 이뤄지지 않고 있는 경우다. 현재의 기억을 통해 현재적 가치가

축적되지 않는 상황, 그러니까 의미와 가치 형성이 완료된 경우라고 할 수 있다. 다시 말하면, 실물은 있지만 지금은 사용되지 않고 있는 경우다.

③맥락의 상실은 역사적 기억과 현재적 기억이 만나고 있지만 그 근대 유산의 본질적인 기능이나 의미가 사라진 경우에 해당한다. 즉, 실물을 어느 정도 사용하고 있지만 원래 용도가 아니라 다른 용도로 사용하고 있는 경우를 말한다.

④기억의 단절과 맥락의 상실은 근대 유산의 실물이 훼손 파괴된 채 현재의 기억마저 진행되지 않는 경우다. 그저 역사적인 기억만 남아 있는 경우라고 할 수 있다.

네 가지의 가운데 ①기억의 통일은 근대 유산의 보존 활용에 있어 가장 바람직한 경우라고 평가할 만하다. 근대 유산의 실물을 유지하면서 근대 유산의 여러 속성을 제대로 구현하고 있기 때문이다. 여기서 유념해야 할 점은 근대 유산의 실물을 꼭 원래의 용도대로 사용하는 것만이 최고의 상황이라고 단정 지을 수 없다는 사실이다. 앞서 설명한 것처럼, 근대 유산은 그 자체로 현재적이고 가변적이다. 근대 유산의 의미와 가치는 50~100년 전의 상황으로 고정되어 있는 것이 아니라 우리 시대의 의미와 가치와 만나 또 다른 의미와 가치를 만들어낼 수 있다는 말이다.

기억의 통일

국내 사례는 아니지만 프랑스의 대표적인 자전거 대회인 '투르 드 프랑스'를 먼저 살펴보겠다. 투르 드 프랑스는 프랑스인들이 가장 좋아하는 스포츠 경기 대회의 하나로 꼽힌다. 1903년 시작된 이 자전거 대회는 스포츠가 어떻게 프랑스의 민족적 제의와 국가적 상징으로 자리 잡게 되었는지를 잘 보여준다.[10]

투르 드 프랑스는 1903년 프랑스《로토 L'Auto》지의 편집장 데그랑주가 창안해 만들었다. 이후 투르 드 프랑스는 프랑스의 스포츠 경기 대회이자 문화 민속 축제로 자리 잡았다. 이를 두고 프랑스 역사학자 피에르 노라는 "투르 드 프랑스의 매력 중 하나는 전통과 근대 사이의 독특한 상호작용"이라고 평가한다.[11] 과거의 관점과 현재의 관점이 조화를 이뤘기 때문에 성공할 수 있었다는 것이다.

피에르 노라에 따르면, "국토를 경험하고, 국토를 소유할 수 있는 과정"은 전통적 측면이다. "자전거를 이용해 구경거리를 판매한 것"은 현재적 요소, 상업적 요소였다. 이 두 가지 요소가 만나 효과를 발휘하면서 "빠른 속도로 국민적 제의, 민족적 상징이 되었다." 전통과 근대의 통일, 지금 우리의 관점으로 말하면 과거와 현재의 통일이라고 해석하기에 충분하다. 지금도 프랑스인들은 투르 드 프랑스에 대한 역사적 기억에 새로운 현재적 기억을 추가하고 변화시키면서 투르 드 프랑스를 이어가고 있다.

그럼, 우리는 어떠한가. 광주시 충장로의 광주극장, 충북 진천의 덕산양조장, 서울시 장충동의 태극당을 살펴보기로 하겠다.

광주시 동구 충장로에 있는 광주극장은 1935년 개관해 2021년 현재 87년째 영화를 상영해오고 있다. 대기업 복합상영관(멀티플렉스)이 영화관을 독점하고 있는 상황에서도 하나의 스크린을 고집하

광주 충장로의 광주극장

고 있는 단관 극장이다. 1968년 다시 지은 극장 건물을 그대로 유지하면서 옛 방식으로 영화관을 이끌어가고 있다. 특히 광주시민과 후원자들이 힘을 합해 오랜 전통을 이어간다는 점에서 이 극장은 역사적 기억(기억 1, 역사적 가치 혹은 과거의 가치)과 현재적 기억(기억 2, 현재적 가치)의 조화, 즉 기억의 통일을 실현하고 있는 사례라고 할 수 있다.

충북 진천군에는 1930년에 지어진 덕산양조장이 있다. 6·25전쟁 때와 1990년대에 위기를 겪었지만 여전히 옛 건물에서 전통 방식으로 막걸리를 빚고 있다. 드라마와 인기 만화의 무대로 활용되기도 했으며 양조장 내부에는 이 같은 역사까지 보여주는 전시실도 마련해놓았다. 이 시대의 사람들과 여전히 소통하면서 본래의 기능을 수행하고 있는 경우다.

서울 중구 장충동에 있는 태극당(1946년 설립)은 서울에서 가장 오래된 빵집이다. 태극당은 2016년 건물을 리노베이션했지만 외관뿐만 아니라 내부 곳곳에 과거의 흔적을 잘 살렸다. 1970년대식 인테리어를 비롯해 카운터 안내판, 금전등록기, 전기 배전판 등과 같은 1970년대 물품 등을 보존 전시해놓고 있다. 여전히 빵집으로서의 기능을 수행하고 있는 태극당 또한 역사적 기억과 현재적 기억이 조화를 이루고 있는 대표적인 사례이다.

기억의 단절

국내의 근대 유산 가운데에는 훼손되거나 훼손 위기에 처한 것들이 적지 않다. 기억의 단절은 근대 유산의 현장이나 건물 등은 남아 있지만 본래의 기능이나 행위가 중단된 경우를 가리킨다. 경북 의성군에 있는 성광성냥 공장은 역사적 기억(기억 1)과 현재적 기억(기억 2)이 단절된 대표적인 경우다.

1954년 설립된 성광성냥 공장은 2013년 가동이 중단된 채 지금까지 방치되어 있다. 성냥 산업 자체가 되살아날 가능성이 거의 없기 때문에 성광성냥의 재가동을 기대하기는 어렵다. 공장 가동이 영구히 중단된다면 역사적 기억으로 마무리되고 현재적 기억이 개입할 수 없게 된다. 사실상 기억이 단절된 경우라고 할 수 있다. 그러나 오랜 논의 끝에 기억을 되살릴 가능성이 찾아왔다. 2020년 의성군이 정부의 지원을 받아 성냥 공장 건물과 터에 성냥박물관과 체험 전시관 건립을 추진하기로 한 것이다.

경북 의성 성광성냥 공장의 기계

©의성군

기억의 단절 위기에 처한 근대 유산도 있다. 서울의 서울역 바로 옆 염천교에 가면 구두 거리가 있다. 이곳의 한 건물에는 규모가 다소 작지만 100여 곳의 구두 가게와 공장이 모여 있다. 이 구두 거리는 1925년 경성역(옛 서울역)이 생기면서 시작되었다. 1930년대 이후 한국 구두의 메카로 자리 잡았고 1970년대엔 전성기를 구가했다. 하지만 대형 브랜드가 득세하면서 1990년대 후반부터 염천교 구두는 밀려나기 시작했다. 다행히 2017년 전후 염천교 구두 거리를 활성화하기 위한 움직임이 일었지만 구두 거리의 부활은 만만치 않은 상황이다. 서울 염천교 구두 거리에서는 현재 구두를 제조하고 있기는 하지만 단절 위기에 처해 있다. 현재적 기억의 비중이 급속히 줄어들면서 역사적 가치와 현재적 가치가 서로 어긋나고 있는 상황이다. 기억의 단절 위기에 처해 있는 것이다.

맥락의 상실

근대 유산 가운데에는 원래의 건물이나 공간을 보존하고 어느 정도 옛 기능을 유지하고 있지만 역사적 기억을 제대로 구현하지 못하는 경우가 있다. 현재적 기억이 이뤄지고 있지만, 본래적 기능을 제대로 구현하지 못한 사례다.

경남 창원시에 있는 진해우체국은 1912년에 지어진 러시아풍 목조건물로, 우리나라에서 가장 오래된 우체국이다. 매년 봄 군항제가 열리는 경남 창원시 진해구 중원 로터리에 있다. 진해우체국 건물은 원형을 비교적 잘 유지하고 있다. 그런데 매년 4월 진해 군항제 기간에 우체국을 일시 개방하지만 나머지 기간엔 우체국을 폐쇄하고 있다. 외관만으로 진해우체국을 기억해야 하는 상황이다. 현재적 기억(기억 2)과 역사적 기억(기억 1)이 조화를 이루지 못하고 있는 것이다. 기억은 이뤄지고 있지만 본래적 기능이 구현되지 못함으로써 근대 유산의 맥락을 상실한 경우라고 할 수 있다. 건물 보존에 피해가 가지 않는 한도 내에서 개방을 하고 동시에 우체국의 일부 기능을 되살리는 방안을 적극 검토해야 한다.

전북 익산시엔 춘포역이 있다. 1914년에 건설된 춘포역은 현존하는 기차역 가운데 가장 오래되었다. 춘포역은 2007년 역으로서의 기능을 마감하고 현재 지역 주민들의 문화 전시 공간으로 활용 중이다. 일단 바람직한 일이지만 아쉬운 대목이 있다. 2011년 전라선 복선 전철화 공사를 마무리하면서 옛 철길을 철거한 것이다. 철길의 철거는 맥락의 상실과 다름없다. 춘포역의 경우, 역의 건물도 존재하고 이에 대한 역사적 기억(기억 1)도 존재한다. 그리고 현재적 기억(기억 2)도 진행되고 있다.
하지만 가장 중요한 본질 가운
데 하나인 철길을 제거함으로
써 핵심적인 맥락이 사라지게
되었다. 춘포역의 역사적 기억
과 현재적 기억이 구현되기 위
해선 철길이 다시 필요하다. 철
길을 다시 복원하게 되면 이곳

서울 염천교의 구두 거리

에서 춘포역을 좀 더 제대로 기억할 수 있는 다양한 프로그램이 가
능해진다.

기억의 단절과 맥락의 상실

원래의 공간이나 건물의 흔적이 모두 사라지고 원래의 기능도 사
라진 채 부속물 하나만 덩그러니 남아 있는 근대 유산도 있다. 역사
적 기억과 현재적 기억이 단절되고 본래의 맥락까지 완전히 상실
한 경우다. 서울의 오비맥주 공장 터가 이에 해당한다.

　서울 영등포구 영등포공원은 오비맥주 공장이 있던 곳이다. 오
비맥주 공장이 1997년 경기 이천시로 옮겨 가고 맥주공장 터는 공
원으로 조성되었다. 그런데 이곳을 우리나라 최초 맥주공장 터라
고 하기엔 썰렁하기 짝이 없다. 맥주 공장의 흔적들은 온데간데없
고 담금솥 하나만 공원에 덩그러니 놓여 있을 뿐이다. 이 담금솥은
오비맥주 공장에서 1933년부터 1996년까지 맥아와 흡을 끓이는

경남 창원의 진해우체국

전북 익산의 춘포역

데 사용했던 대형 솥이다. 1933년에 만들었으니 우리나라에서 가장 오래된 맥주 제조 용기라 할 수 있다. 그 솥은 소중한 근대 유산이지만 그것 하나 덜렁 야외에 남겨놓고 20세기 대표 맥주 공장의 흔적을 모두 없애 버렸다.

맥주 공장은 근대기 음식 문화를 보여주는 매우 중요한 생활유산이다. 담금솥 하나만으로는 맥주 공장의 기억을 이끌어 내기에 역부족이다. 기억도 단절되었고 맥락도 파괴되었다. 현재 상황으로서는 두드러진 대책이나 방향을 잡기가 어렵다. 근대 유산의 흔적을 외면해버린 건물 철거의 씁쓸한 결과를 그대로 보여주는 곳이다.

5. 근대 유산의 향유와 소비

기억한다 고로 존재한다

현재 우리가 주변에서 만날 수 있는 근대 유산은 그 특성상 역사적 기억과 현재적 기억이 함께하는 경우가 많다. 그것은 때로 갈등하고 충돌하며 때로는 취사선택의 과정을 거치면서 조화를 이뤄 미래의 기억으로 나아간다. 근대 유산을 바라보는 관점도 이 측면에서 출발해야 한다.

역사적 기억(기억 1)과 현재적 기억(기억 2)이 미래의 기억(기억 3)을 만들어내지만 그 과정은 순탄하지 않다. 우리의 근대 유산 가운데 훼손 및 멸실 위기에 처한 것이 적지 않은데 이런 점을 기억의 관점에서 접근할 필요가 있다. 식민지 시기를 거치면서 일제에 의해 훼손된 것도 많았고, 개발과 경제 우선주의에 밀려 우리 스스로 옛것을 소홀히 다룬 경우도 적지 않다. 그렇다 보니 이미 본래 기능을 상실한 것들도 많고, 기능이 유지되고 보존되고 있지만 전체 맥락을 잃어버린 것도 많다. 따라서 근대 유산을 기억하고 그것을 후대에 전승하는 방식은 과거와 현재의 통일, 곧 현재성과 맥락의 회복이 중요하다.

앞에서 문제를 제기한 옛 서울역도 이런 측면에서 바라볼 수 있다. 서울역은 근대기 우리 삶의 애환을 보여주는 가장 구체적이고 상징적인 공간이다. 그런데도 우리는 그곳에서 우리 100년의 역사와 삶의 애환을 구체적으로 느끼지 못하고 있다. 기억의 단절과 맥락의 상실이 진행되고 있는 것이다. 옛 서울역의 이 같은 현실은 건물이라는 유형 문화유산과 그곳에서 이뤄졌던 콘텐츠(무형 문화)에 대한 이분법적 시각 때문이기도 하다. 옛 서울역에서 이뤄졌던 삶의 행위(무형 문화)와 옛 서울역 건물을 분리시키려는 인식 탓이다. 그렇다 보니 옛 서울역 건물은 남아 있지만 그곳에서의 일상의 흔적은 만나기 어렵다. 앞으로는 좀 더 동적動的이고 생활 밀착형으로 옛 서울역을 기억하고 활용할 수 있으면 좋겠다.

우리는 근대 유산, 근대 생활유산에서 격동의 20세기 그 영욕과 일상의 애환을 만나고 싶어 한다. 개인, 사회, 국가와 민족의 기억들을 찾아내고자 하는 것이다. 이 시대는 그 기억을 존중하고 보존하고 복원하면서 거기에 우리 시대의 기억을 덧붙여야 한다. 그 기억들이 서로 갈등하고 충돌하겠지만 그것은 자연스러운 과정이다. 갈등하고 충돌할지라도 그것이 양립 불가의 대립적인 관계는 결코 아니기 때문이다. 근대 유산을 기억하고 보존 활용하는 방식도 이런 관점에 유념해야 한다.

역사적 기억과 현재적 기억은 끝없이 만나야 한다. 단절되기보다는 조화롭게 만나야 한다. 그 만남은 곧 역사적 가치와 현재적 가치의 통일이다. 근대 유산은 오랜 세월이 흐른 뒤 전통적 개념의 문화유산으로 지속되어야 한다. 그러기 위해선 기억을 축적해야 한다. 기억을 축적하지 않는 것, 다시 말해 역사적 기억과 현재적 기억을 단절시키는 것은 근대 유산을 훼손하는 것이다.

　　근대 생활유산에 대한 우리 사회의 기억은 여전히 단편적이고 분절적이다. 이 대목에서 "어딘가에 삶의 기억이 존재하는 한 모든 것은 다시 소생할 수 있는 것이다."라는 말은 우리에게 많은 성찰의 기회를 제공한다.[12]

1952년 인천생 곰표

2021년 편의점 맥주 시장에서 가장 잘나가는 상품 가운데 하나는 '곰표 맥주'다. 곰표! 어딘가 좀 촌스러운 듯하고, 언젠가 한두 번은 들어본 것 같은 이름. 곰표는 우리나라 밀가루 생산의 원조 격인 대한제분의 브랜드이다. 밀가루 브랜드 곰표가 어느 순간 맥주 브랜드로 사용되더니 이제 인기 맥주가 되었다. 이 현상이 얼마나 오래갈지는 좀 더 지켜봐야겠지만 2021년 곰표 맥주의 기세는 대단하다.

　　맥주만이 아니다. 곰표 패딩도 인기다. 큼지막하게 '곰표' 두 글자를 박아 넣은 흰색 패딩. 언뜻 보면 밀가루 포대를 걸친 듯한데 젊은이들이 이 옷을 좋아한다. 곰표 팝콘, 곰표 밀가루 쿠션, 곰표 치약, 곰표 주방세제, 곰표 막걸리까지 나왔다. 과자도 있고 스케치

2021년 인천시립박물관에서 열린 '1952년 인천생 곰표' 특별전

북, 가방도 있다. 곰표 막걸리의 경우, '곰표' 두 글자를 위아래 뒤집어 '표문'으로 바꿔놓기도 했다. 그게 더 화제를 몰고 왔다.

왜 이런 특이한 현상이 이어지는 걸까? 맥주 맛도 맛이겠지만, 곰표라는 브랜드가 한몫 톡톡히 한다고 봐야 할 것이다. 맥주뿐만 아니라 다른 제품도 마찬가지다. 대한제분은 6·25전쟁의 와중인 1952년 설립되었다. 공장은 인천역 바로 옆에 위치했다. 이후 대한제분은 빠르게 성장하면서 국내 밀가루 생산의 간판으로 자리 잡았다. 그 대한제분의 심벌마크는 곰이었다. 북극곰의 하얀 이미지가 밀가루를 연상시킨다고 해서 그렇게 정했다고 한다.

곰표와 맥주의 만남, 곰표와 막걸리와의 만남, 곰표와 패딩의 만남은 곰표 브랜드의 이미지를 젊게 쇄신하려는 시도였다. 그 전

맥주, 막걸리, 패딩, 가방, 과자, 공책, 세제 등 곰표 브랜드를 활용한 여러 상품들

략은 젊은이들의 감성을 자극했다. 낯선 것인 줄 알았는데 70년 동
안 우리와 함께했고, 다소 촌스러운 줄 알았는데 그 중요한 밀가루
회사였음을 새삼 인식하는 계기가 되었다.

곰표 밀가루를 빼놓고 20세기 후반 우리네 음식 문화를 논할
수 없다. 70년 동안 밀가루 포대를 장식했던 초록색 글씨, 곰표. 넉
넉한 곰 한 마리가 고개를 들고 앞으로 걸어가는 모습. 그 촌스러움
과 정겨움은 우리 근대의 한 단면을 상징한다. 그런 점에서 곰표는
근대의 흔적이며 그 흔적이 최근의 뉴트로(New+Retro) 분위기와 맞
물려 젊은이들을 만나고 있는 것이다. 젊은이들은 밀가루 회사 대
한제분의 곰표 브랜드 이미지를 유쾌하게 소비한다.

'금성 맥주'도 있다. 금성 맥주는 LG그룹의 전신인 금성의 브랜
드를 활용했다. 맥주 캔에는 1970~1980년대 우리에게 익숙했던
문구 '기술의 상징 골드스타'가 적혀 있고 왕관 모양의 금성 심벌

마크도 들어 있다. 라디오나 텔레비전, 선풍기가 아니라 맥주 캔에 금성 브랜드가 디자인되었다는 것은 낯설지만 반가운 풍경이다.

'진로 이즈 백JINRO is back'도 유행이다. 한 시대를 풍미했던 진로 소주의 옛날 브랜드 이미지를 불러낸 것이다. 소주병의 형태와 색깔, 상표 등을 1970~1980년대 분위기로 되살려 젊은이들을 자극한다. 중장년층보다 젊은이들이 더 좋아한다. 인기가 높아지자 최근엔 소주 자체에 그치지 않고 방향제, 소주잔 등 다양한 상품으로 확장해 진로 두꺼비 브랜드를 활용하고 있다.

근대와 일상, 향유와 소비

프랑스의 미술사학자 도미니크 폴로는 『박물관의 탄생』에서 1990년대 이후 세계적으로 박물관이 급증하는 현상에 대해 이렇게 설명한 바 있다.

> 박물관의 증가 추세는 이처럼 시간에 대한 인식이 변화하는 모습을 보여주는 의미 있는 현상이다. …… 이는 문물이 점점 더 빠르게 잊히고 기존의 가치를 잃어버리는 데에 대한 두려움과 반발에서 비롯된 것이다. 따라서 이는 시간과 공간의 변화가 가속화되면서 생겨난 불안정성과 불안감을 완화하는 데 목적이 있다고 볼 수 있다. 그러므로 박물관을 방문하는 일은 잃어버린 황금시대까지는 아니더라도 최소한 마음을 안정시켜줄 수 있는 친근한 옛것들을 찾아 나서는 여정인지도 모른다.[13]

근대를 바라보는 관점도 이와 비슷하지 않을까. 우리가 근대를 기억하고자 함은 근대의 흔적이 빨리 사라질 것이란 우려에서 비롯된 측면도 있다. 이런 상황은 우리에게 많은 것을 생각하게 한다.

근대 유산은 우리에게 낯선 듯 친숙하다. 세대에 따라 더 친숙하게 받아들일 수도 있고 다소 낯설게 받아들일 수도 있다. 근대를 직접 경험했던 세대는 장년과 노년 세대이다. 이들은 근대에 대한 추억과 향수가 있을 테니 당연히 근대 유산에도 관심이 있을 것이다. 그런데 최근의 트렌드는 놀랍다. 예상을 뒤엎고 근대와 근대 유산에 관심을 가진 젊은이들이 많기 때문이다. 그 양상도 꽤나 흥미롭다.

이렇게 근대에 대한 관심은 그 폭이 넓어지고 있다. 근대 건축물을 보존하고 활용하는 차원을 넘어섰다. 일상 속으로 더욱 확산되어 곰표 맥주, 금성 맥주까지 만들어내고 그것을 즐겨 소비하는 단계에 이르렀다. 일상에서 근대의 이미지를 경험하고 향유하고 소비하는 것이다. 이는 흥미로운 트렌드의 하나다. 이를 두고 다소 인위적인 근대 경험이라고 지적할 수도 있다. 물론, 그런 감이 없지 않다. 그럼에도 우리 주변 곳곳에서 근대를 경험하고 있음은 부인할 수 없는 사실이다.

곰표 현상은 근대 유산을 기억하는 유형 가운데 기억의 통일에 해당한다. 곰표라는 밀가루 이미지가 우리 시대의 맥주, 막걸리, 패딩 등의 이미지를 만난다는 것은 곰표의 역사적 가치와 현재적 가치가 조화를 이루는 과정이다. 이러한 분위기는 근대 유산을 인식하고 수용하는 데 있어 시사하는 바가 크다. 근대 유산을 이해하고 기억하며 동시에 향유하고 소비하는 것에 무언가 생각할 거리를 던져준다. 대한제분의 홍보 자료에는 이런 문구가 있다. '맛있는 곰표를 넘어 즐거운 곰표로.' 근대 유산을 바라보는 우리의 시선이 한편으론 더 깊어지고 한편으론 더 유쾌해지는 것 같다.

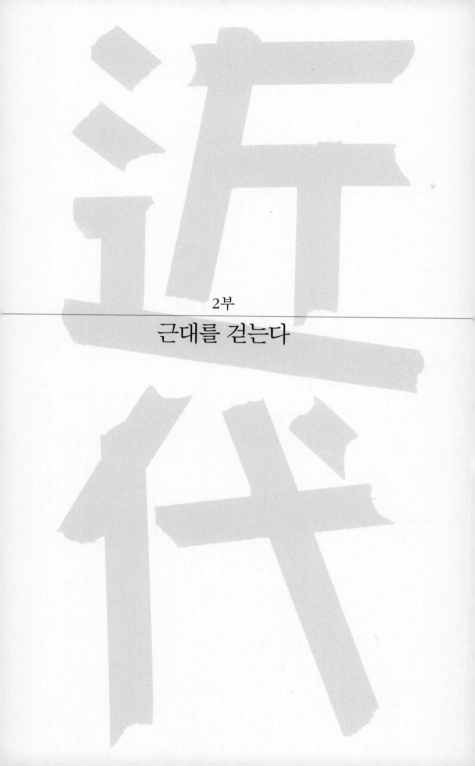

2부

근대를 걷는다

1. 근대 풍경과 우리의 시선

우리 동네 빵집들

서울 성북구 우리 집 근처엔 유명한 빵집이 있다. 그 빵집을 두고 누군가 내게 이런 말을 한 적이 있다. "집 앞에 나폴레옹 빵집이 있어 정말 좋겠습니다." 그렇다. 그 빵집은 빵이 맛있고 장사가 잘된다. 역사도 오래됐다. 1968년에 생겼으니 벌써 50년이 넘었다.

대전에 가면 1956년에 문을 연 성심당 빵집이 있다. 대전의 원도심原都心에 위치한 매장은 물론이고 KTX 대전역 매장도 종일 붐빈다. 대전역을 거쳐 가는 많은 사람들은 튀김 소보로 등이 담긴 성심당 빵 봉투를 손에 들고 열차에 오른다. 성심당 빵은 그렇게 전국 곳곳에서 사람들과 만난다. 사람들은 그 빵에 대해, 그 빵집에 대해 이야기한다. 1956년에 생겼다는 얘기, 2014년 프란치스코 교황이 방한했을 때 그 집 빵이 간식으로 제공됐다는 얘기…….

지금 성심당이 있는 곳은 원래의 빵집 자리는 아니다. 옮기고

1956년에 문을 연 대전의 빵집 성심당

옮겨 지금은 새로 지은 건물에서 영업을 하고 있다. 그런데도 사람들은 성심당 빵을 먹으며 성심당의 수십 년 전 옛날을 이야기한다.

전북 군산시에 가면 이성당 빵집이 있다. 우리나라에서 가장 오래된 빵집, 이성당은 1945년에 생겼다. 이 빵집에는 늘 사람들이 길게 줄지어 서 있다. 인기 상품 단팥빵이 나오는 시간이면 더 복잡해진다. 군산을 찾는 여행객들 사이에선 노란 이성당 봉투를 들고 인증 숏을 찍는 게 이미 유행이 됐다. 손님이 하도 많다 보니 직원들은 늘 바쁘다. 카운터에서 빵을 봉지에 담아주는 직원들의 손놀림이 어찌나 빠르던지, 지금도 눈에 선하다. 군산 여행의 묘미 가운데 하나는 이성당 빵집 앞에서 줄을 서서 기다리는 것이다.

요즘 빵집에 관심 많다. 서울의 태극당 빵집(1946년 설립)은 2016년 고풍스러운 1970년대 인테리어를 그대로 되살려 떠났던 손님

우리나라에서 가장 오래된 빵집인 전북 군산의 이성당

들을 다시 불러 모으고 있다. 동대구역에서 만날 수 있는 삼송빵집은 이런 분위기를 잘 활용해 재건에 성공한 경우다. 2015년 KTX 동대구역에 삼송빵집 매장이 생겼다. 여기서 가장 인기 있는 것은 통옥수수빵이다. 빵 속에 들어 있는 옥수수 알갱이의 부드러운 맛이 일품으로, 사람들은 흔히 마약빵이라 부른다. 빵을 사 들고 나오는 사람들은 봉투에 쓰여 있는 '1957년 창립'이라는 문구를 보고 깜짝 놀란다.

삼송빵집은 1957년 대구 남문시장에서 문을 열었다. 하지만 50년이 넘도록 그냥 평범한 동네 빵집이었다. 삼송빵집을 아는 대구 사람도 많지 않았다. 화재가 발생하는 등 여러 어려움 속에서도 3대에 걸쳐 빵집을 지켰고 2008년 통옥수수빵을 개발했다. 이 맛에 반한 사람들이 하나둘 늘어나고 입소문이 나자 2015년 4월 동대구역에 매장을 냈다. 곧이어 대구와 서울의 여러 백화점에 입점하면서 고속 성장을 거듭하고 있다.

이들 외에도 부산의 백구당, 전주의 풍년제과, 광주의 궁전제과, 안동의 맘모스제과, 목포의 코롬방제과 등 동네 빵집을 찾아다니는 순례객도 있다. 그런데 이 빵집들에는 특별함이 있다. 대를 잇는 빵집 외길, 빵 맛에 대한 집념, 빵을 통한 사회적 기여, 역사와 추억에 대한 관심……. 물론 사람마다 이에 대한 평가는 다를 수 있겠지만, 그래도 누구나 인정하는 공통점은 이 빵집들이 모두 오래되었다는 점이다. 사람들이 이렇게 빵을 즐기는 것은 그 빵집의 빵 맛 때문만은 아니다. 사람들이 진정으로 즐기는 것은 그 빵집의 역사와 스토리다. 지금도 그렇지만 특히 1960~1980년대를 살았던 사람들이라면 빵집에 대한 추억이 한두 개쯤 있을 것이다. 성심당에서, 이성당에서, 태극당에서 줄을 서 빵을 사는 사람들은 빵만 사는 것이 아니라 빵과 함께 추억을 챙기는 것이다.

빵집의 추억은 주인들의 선행 혹은 다양한 스토리를 축적하면서 그 역사가 더욱 깊어지고 더욱 오래간다. 1956년 밀가루 두 포대를 자산 삼아 대전역 앞 노점 찐빵집으로 문을 연 성심당. '우리 곁에 불행한 사람을 그대로 둔 채 혼자서는 절대 행복해질 수 없다'는 믿음으로 60여 년 동안 나눔을 실천해왔다. 매달 3,000만 원 이상의 빵을 대전의 양로원과 고아원 등에 기부한다고 한다. 성심당은 2005년 큰 화재가 발생해 절체절명의 위기에 처하기도 했으나 직원과 시민들의 도움으로 기적적으로 되살아났다. 이 같은 기적은 모두 선행의 결과였다. 작은 빵집은 이제 직원 400여 명의 중견 기업으로, 대전의 자부심으로 성장했다. 몇 해 전 대전 지역 대학생들을 대상으로 실시한 설문조사 결과, 성심당이 '가장 취업하고 싶은 중소기업' 1위로 꼽혔다고 하니 성심당의 존재 의미를 쉽게 짐작할 수 있다.

한때 군산 이성당 빵집 앞에는 쪼그려 앉아 채소를 파는 할머니 한 분이 있었다. 빵집을 찾는 사람들을 대상으로 채소를 파는 할머니였다. 이성당은 이 할머니를 잘 보살폈다고 한다. 작지만 공존을 위한 소중한 마음이라고 할 수 있다. 오래된 빵집에는 이렇게 빵만큼이나 맛있고 아름다운 마음들이 담겨 있다. 그렇기에 사람들이 꾸준히 빵집을 찾는 것이다.

세월이 흐를수록 오래된 빵집들은 점점 문화유산이 될 것이다. 건물은 건물대로, 빵의 맛과 스토리는 또 그것대로 문화유산이 될 것이다. 미래의 유산인 셈이다.

둘러보면 지역마다 오래된 빵집들이 있다. 그것이 10년이든 50년이든, 빵을 먹으며 우리는 그 빵집의 역사를 주고받는다. 빵집의 역사는 소중한 생활사이다. 우리 동네 빵집들이 오래 살아남아 100년을 넘기고, 빵집 어딘가에 빵 박물관 같은 것이 생겼으면 좋겠다.

단관 극장의 쓸쓸함

종로3가 단성사   서울의 종로3가와 을지로3가 일대는 한 시절 영화의 공간이었다. 단성사團成社, 스카라극장, 피카디리극장, 서울극장, 명보극장 등 유서 깊은 극장들이 몰려 있었기 때문이다. 그러나 지금 이곳을 '영화의 거리'라 말하는 사람은 없다. 한 시대를 풍미했던 영화관은 거의 사라졌다. 남아 있는 일부 영화관도 옛 모습이 아니다.

1990년대 이후 전국 곳곳에 대형 멀티스크린 영화관이 우후죽순 생겨났고, 그 와중에 오래된 단관 극장들은 그 상황을 견뎌내기 힘들었다. 안타까운 현실이었다. 지금 이 일대에서 영화관은 거의 사라졌다. 복합상영관(멀티플렉스)으로 변신했던 서울극장마저 2021년 8월 말로 문을 닫았고, 종로3가, 을지로 3가는 이제 영화의 거리가 아니다.

종로3가 단성사는 1907년 공연장으로 문을 열었다. 여기서 단성사란 '힘을 모아 뜻을 이루자'는 뜻이다. 단성사는 1918년 영화 상설관(활동사진 상설관)으로 변신한 뒤 1919년 우리나라 최초의 영화이자 연쇄극인 〈의리적 구토義理的仇討〉를 제작 상영했다. 연쇄극은 연극이나 공연의 중간중간 활동사진을 집어넣어 스토리를 연결해주는 방식이었다. 〈의리적 구토〉는 흥행에 성공했고 그 후부터 단성사는 1930년에 이르기까지 19편에 달하는 영화 제작에 참여하면서 일제강점기 한국 영화의 선봉이 되었다.

이어 흥행작 〈아리랑〉(1926)을 상영했고, 한국 최초의 발성영화 〈춘향전〉(1935)을 개봉하면서 그 위상을 굳혔다. 하지만 만성적인 재정난으로 1939년 일본인에게 소유권을 넘겨줄 수밖에 없었고 이름도 대륙극장으로 바뀌었다.

단성사는 1960년대 들어 주로 외화를 상영했고 국내 영화 흥행의 보증수표로 자리 잡았다. 1990년대엔 명실공히 한국 영화계의

한국 영화계의 대표 극장이었던 단성사는 2001년 철거되었고 그 자리엔 복합 귀금속 쇼핑센터가 들어섰다. 건물 지하층의 영화역사관 입구

단성사 터에 마련해놓은 역사 전시 코너

대표 극장이 되었다. 1993년 임권택 감독의 〈서편제〉가 개봉한 곳
도 바로 단성사였다.

　그러나 대기업의 영화 시장 진출로 단성사는 존립에 위협을 받
았고, 이에 따라 극장 회생을 위해 변신을 단행했다. 2001년 건물
을 철거했고, 2005년 지상 9층 지하 4층 복합상영관으로 재개관한
것이다. 그럼에도 결국 2008년 부도가 났고 2012년 건물이 경매에
나오면서 영화 상영은 중단되었다. 그러고는 2016년 단성골드주얼
리센터로 바뀌었다. 지금은 복합 귀금속 쇼핑 공간이다.

　단성골드주얼리센터 간판 옆에 '영화, 그리고 추억 구 단성사'
라는 간판이 붙어 있다. 건물 앞에는 '단성사 터 역사 전시장'이 있
다. 5~6미터 길이의 낮은 벽에 단성사의 역사를 소개해놓은 것이
다. 하지만 단성사 100년의 역사에 비하면 그 기록은 옹색하다. 건

물 내부 지하엔 단성사 영화
역사관이 있지만 학생 단체
관람에 한해 주 1회 개방할
뿐이다. 이 또한 한 시대를
풍미했던 단성사를 기억하
기에는 부족한 상황이 아닐
수 없다.

을지로3가 스카라극장 1935년
일본인이 약초정^{若草町}(지금의
충무로)에 와카쿠사극장^{若草劇場}
(약초극장)을 세웠다. 12월 30
일 준공식을 갖고 31일부터
영화 상영을 시작했다. 이보

2005년 등록문화재로 지정될 예정이었으나
철거되고 만 스카라극장

다 앞서 생긴 단성사가 있지만 단성사는 공연장으로 출발한 것이
었고, 스카라는 애초부터 영화 전용 극장이라는 점에서 남달랐다.
설계 자체가 2개 층의 관람석을 갖는 순수 영화관으로 계획되었다.
광복 이후 1946년, 수도극장으로 이름이 바뀌었고 이어 1954년 12
월 국내 최초의 키스 신이 나오는 영화 〈운명의 손〉이 개봉되어 사
람들을 놀라게 했다. 1955년 이후로는 〈바람과 함께 사라지다〉 등
외화를 주로 상영했다. 1962년 소유주가 바뀌면서 이름도 스카라
극장으로 바꾸었다.

　스카라극장은 반원형 현관 부분이 앞쪽으로 튀어나온 독특한

외관으로 영화 팬들은 물론 서울 시민들의 사랑을 받았다. 그 건물은 그 모양 자체로 서울의 상징이었고 영화계의 자존심이었다. 스카라극장은 1990년대 초까지 전성기를 구가했으나, 1990년대 후반 들어 주변에 현대식 극장과 멀티플렉스가 생기면서 고전하기 시작했다.

2005년 11월 11일 문화재청은 스카라극장을 근대 문화유산인 등록문화재로 지정하기로 하고 이를 예고했다. 그런데 한 달 뒤인 12월 6일, 건물주가 건물을 철거했다. 순식간이었다. 스카라극장이 근대문화재로 등록될 경우 재산권 행사에 심대한 피해가 올 것으로 예상한 건물주가 아예 등록이 되기 전에 건물을 철거해버린 것이다. 많은 사람들이, 특히 문화재와 영화계 사람들이 안타까워했지만 소유주의 건물 철거는 법적으로 아무 문제는 없었다. '스카라 철거'는 연일 주요 뉴스로 오르내렸고, 언론에선 대안을 마련해야 한다고 목소리를 높였다. 어쨌든 근대기 영화의 소중한 역사는 그렇게 무참히 사라져버렸다. 스카라극장은 건물 자체가 독특하고 매력적이었기에 사람들은 더욱 아쉬워했다.

원주 아카데미극장　강원도 원주의 도심에는 원주극장, 군인극장, 시공관, 문화극장, 아카데미극장이 있었다. 이 극장들은 모두 1950~1960년에 앞서거니 뒤서거니 문을 열었다. 이후 50년 가까이 원주 시민들의 문화공간으로 사랑받았으나 2000년대 들어 상황이 급변했다. 2005년 원주에 대기업의 멀티플렉스 영화관이 개관했고 관객들은 그곳으로 대거 쏠리기 시작했다. 그러고는 2006

강원도 원주 옛 아카데미극장의 매표구

년에 원주극장, 시공관, 문화극장, 아카데미극장이 줄줄이 문을 닫았다. 불과 1년 만이었다. 대기업 멀티플렉스를 견디지 못하고 4개의 대형 단관 극장이 순식간에 문을 닫아야 했다니. 어찌 보면 폭력이 아닌가 하는 생각을 지울 수 없다. 2008년 원주극장과 시공관이 철거되었고 2015년 문화극장이 철거되었다. 다행히 아카데미극장은 헐리지 않았다.

2018년 강원도 원주의 근대 문화유산을 조사할 기회가 있었다. 이때 옛 아카데미극장을 알게 되었다. 헐리지 않고 견뎌냈다는 것도 놀라운 얘기인데 내부에 들어가 보니 더욱 놀라운 광경이 펼쳐졌다. 일부 공간이 물류 창고처럼 다른 용도로 활용되었지만 영화 관련 시설은 거의 그대로 남아 있었다. 오랜 기간 방치된 탓에 일부 훼손되고 먼지가 쌓였지만 전체적인 모습은 옛 영화관 그대로였다. 객석, 영사실, 매표소, 간판 거치대, 광고판 등 기본적인 시설은 잘 남아 있었다. 벽에 걸려 있는 달력도 극장이 문을 닫은 2006년 4월에 멈춰 있었다. 일부만 손을 본다면 원래 모습으로 복원하는 것은 그리 어렵지 않아 보였다.

비록 영화관으로 운영되고 있지는 않지만, 그리고 10년 넘게 방치되어왔지만, 그래도 원래 모습을 유지했다는 사실은 그 자체만으로도 우리를 설레게 한다. 하지만 걱정도 앞선다. 건물 소유주가 순식간에 건물을 철거할지 모르는 일이기 때문이다.

다행히 2016년부터 원주 시민들은 아카데미극장 보존 활동을 시작했다. 그 일환으로 2017년 〈먼지 쌓인 극장에 불을 켜다〉라는 이름으로 기획전을 열었다. 군인극장, 원주극장, 시공관, 문화극장, 아카데미극장의 역사 자료를 전시하는 자리였다. 2020년 11월엔 소유주의 동의를 얻어 내부를 정리하고 다양한 문화 프로그램을 진행했다. 이런 분위기에 힘입어 원주시도 소유자를 설득해 건물 매입 등 보존을 위한 노력을 하고 있다. 하지만 장담할 수 있는 상황은 아니다. 원주시가 적절한 예산을 마련하는 것도 쉽지 않은 일이다. 그렇다 보니 서울의 스카라극장처럼 한순간에 사라질지도 모른다는 걱정이 앞선다.

2017년 기획전 자료집에 이런 대목이 실려 있다. 영화 포스터 디자이너 최지웅 씨가 한 말이라고 한다. "우리는 영화를 극장과 함께 기억한다."

라디오스타 박물관

〈라디오 스타〉(2006년 개봉)라는 영화가 있다. 주연은 박중훈, 안성기였다. 박중훈은 가수 최곤 역을, 안성기는 매니저 박민수 역을 맡았다. 가수왕을 차지했을 정도로 잘나갔던 최곤은 세월이 흐르고 인기가 사라져 지방의 작은 방송국 DJ로 전전하게 된다. 과거의 화려함과 현재의 옹색함, 그 간극 앞에서 최곤은 시골 DJ의 삶에 불만을 터뜨리며 배회한다. 박민수는 그런 최곤을 눈치코치 봐가면서 다독여준다. 대중 스타의 부침浮沈을 통해 삶의 의미를 돌아보게 하는 재미있는 영화다.

이 영화의 주 촬영지는 강원도 영월이었다. 그중에서도 DJ 진행 장면은 KBS 영월방송국 건물에서 촬영했다. 그런데 얼마 뒤 그 방송국이 문을 닫았다. 방송 전파 송출 기술이 급속히 발전하면서 읍 단위 지역의 소규모 방송국은 필요 없게 된 것이다. 영월군은 2015년 이 방송국 건물을 라디오스타 박물관으로 꾸몄다.

라디오스타 박물관에는 영화 〈라디오 스타〉에 관한 영상과 시각 자료들을 전시해놓았다. 오래된 라디오를 비롯해 관련 자료를 전시해 라디오의 역사와 문화적 의미 등을 돌아볼 수 있도록 했다. 또한 몇 개의 스튜디오(DJ 박스)를 만들어 관람객들이 직접 방송을 진행하고 그것을 녹음해 파일로 가져갈 수도 있다.

라디오스타 박물관은 영월 지역의 26번째 박물관이다. 종종 영월을 방문할 때, 라디오스타 박물관을 찾는다. 기본적으로 흥미로운 스토리를 간직한 곳이다. 박물관의 도시 영월답게 사라져버릴 공간 하나라도 그 흔적을 살려 기억하려는 노력이 돋보인다. 물론

강원도 영월의 라디오스타 박물관 전경과 내부

아쉬운 대목도 적지 않다. 전시 기획, 소장품 확보와 활용, 공간 관리의 측면에서 좀 더 창의적이고 성찰적이었으면 좋겠다.

청주시립미술관과 국립현대미술관 청주관

충북 청주시 사직동에 청주시립미술관이 2016년 문을 열었다. KBS 청주방송국이 사직동에서 성화동으로 옮겨 감에 따라 방송국 건물을 리모델링해 미술관으로 꾸민 것이다. 청주 시민의 숙원 가운데 하나인 미술관을 세운다는 점에서, 게다가 방송국 건물을 활용한다는 점에서 주목을 받았다. 사람들은 청주시립미술관을 소개하며 "방송국 건물을 리모델링한 미술관"이라고 말한다.

그런데 청주시립미술관 어느 곳을 둘러보아도 방송국 건물이었음을 보여주는 흔적은 하나도 없다. 홈페이지에 '청주시 사직동의 옛 KBS 방송국을 리모델링했다'는 간단한 문구만 있을 뿐이다. 방송국의 흔적 하나 남겨두지 않은 채 "이곳이 과거 방송국 건물이었다."라고 말하는 것은 과연 어떤 의미가 있을까. 그냥 새로 지은 건물과 무슨 차이가 있는 걸까.

흔적은 분명 살릴 수 있었을 것이다. 그런데 살리지 않았다. 방송국의 흔적이나 시설이 미술 전시에 어울리지 않고 또 전시에 방해가 된다고 생각했던 것 같다. 하지만 그렇지 않다. 미술 아닌 것이 없다고 할 정도로 일상과 미술의 결합 또는 융합이 빈번한 게 요즘의 현대미술이다. 그렇기에 방송국의 흔적을 남겨두었더라면 현대미술을 전시하는 데 훨씬 더 효과적이지 않았을까 하는 아쉬움이 남는다. 더욱 입체적이고 다채롭게 미술을 보여줄 수 있고 그로 인해 더 많은 인기를 누릴 수 있었을 것이다.

물론, 방송국 흔적이 남아 있으면 어떻고, 그렇지 않으면 어떠냐고 반문할 사람도 있을 것이다. 현재의 미술관 개념에만 초점을 맞춘다면, 그 반문에 고개를 끄덕일 수도 있다. 하지만 흔적을 기억한다는 측면에서 보면, 그래서 미술관의 스토리를 더 축적한다는 측면에서 보면 방송국의 흔적을 남겼어야 했다. 그래야 사람들이 두고두고 이야기를 공유할 수 있는 것이다. 청주시립미술관에 가면 무언가 허전한 까닭이 여기에 있다.

2018년 12월 청주에 개관한 국립현대미술관 청주관 이야기도 좀 해야 할 것 같다. 국립현대미술관 청주관은 청주의 연초제조창煙草製造廠 공장 건물 일부를 리모델링해 미술관으로 조성한 것이다. 이곳에선 1946년 경성 전매국 청주연초공장으로 출발해 전매청, 한국전매공사, 한국담배인삼공사의 연초제초장으로 2004년까지 담배를 생산했다. 우리나라 담배 산업뿐만 아니라 청주 지역 경제의 산 증인이라고 할 수 있다.

그런 공간을 미술관으로 조성한 것은 그 자체로 고무적인 일이다. 그런데 국립현대미술관 청주관 건물 내부에 들어서면 이곳이 연초제조창 건물이었다는 사실을 전혀 느낄 수 없다. 그건 흔적을 건물 자체에 제대로 살려놓지 않았기 때문이다.

미술관 주변에는 연초제조창 건물이 더 남아 있어 과거에 공장이었음을 느낄 수는 있다. 하지만 그것은 미술관 밖으로 나왔을 때에야 가능해진다. 미술관 자체로서는 이곳이 연초제조창 건물이었음을 전혀 느낄 수 없다. 그런데도 문화체육관광부, 국립현대미술관, 청주시, 그리고 많은 사람들은 이곳을 소개하면서 '연초제조창 건물을 리모델링했다'는 사실을 가장 앞세운다. 그 말만 들으면, 미술관 곳곳에 공장의 흔적이 제대로 남아 있으리라고 생각하게 된다. 하지만 현실은 많이 아쉽다.

결국, 연초제조창 공장 건물의 뼈대만 살려 미술관을 조성한 셈이다. 뼈대를 살렸지만 미술관의 공간적 특성상 공장 건물의 분위기는 찾아볼 수 없다. 그렇다면 건물을 새로 지어 미술관을 조성한 것과 어떤 차이가 있는가. 누군가는 '출발이 다르다'고 반박할 것이다. 맞는 말이지만 그것은 미술관을 짓는 사람들의 생각이다. 지금 미술관에서 미술관을 소비하고 향유하는 사람들로선 그 의미를 찾기 어렵다.

그런데 이런 상황은 비단 여기만의 일이 아니다. 국내에서 근대 산업유산을 문화공간으로 활용하는 경우가 부쩍 늘어났지만, 원래 건물의 본질적 특성을 외면한 채 피상적으로 접근하는 사례가 적지 않다. 물론 근대 산업유산 건물마다 처한 여건이 다르고, 활용하려는 방향이나 목적에 따라 리모델링 방식도 달라질 것이다. 그렇기 때문에 획일적으로 말하기는 어렵지만 이것 하나는 분명하다. 우리는 왜 근대 산업유산을 문화공간화하려는 것인가, 끝없이 질문을 던져야 한다는 점이다.

2. 제국의 황혼

창덕궁 샹들리에, 근대의 두 얼굴

유네스코 세계유산 창덕궁昌德宮에서 가장 크고 웅장한 건물은 인정전仁政殿이다. 경복궁으로 치면 근정전이다. 그 인정전 내부를 들여다보면 임금이 앉는 어좌御座가 있고 그 뒤로 일월오봉병日月五峰屛이 놓여 있다. 어좌 위로는 화려한 장식의 닫집(보개寶盖)이 펼쳐진다.

그런데 인정전엔 경복궁 근정전에서 볼 수 없는 것이 있다. 인정전 천장에 주렁주렁 매달린 샹들리에다. 조선 시대 궁궐에 서양식 전등이라니.

조선의 마지막 왕, 그러니까 대한제국 마지막 황제 순종은 1907년 즉위와 함께 덕수궁에서 창덕궁으로 거처를 옮겼다. 그러고는 이듬해 1908년 창덕궁의 수리를 명했다. 순종이 명했다고 하지만 실제 작업은 일제 통감부가 맡았다. 당시 통감이었던 이토 히로부미伊藤博文는 "궁정의 존엄을 유지하여 국왕의 은혜를 백성들에게 보

전등이 설치된 창덕궁 인정전

여주며 순종의 외로움을 달래고 순종의 여가 생활을 위해서"라는 명분을 내걸었다. 그리하여 궁전 곳곳에 근대식 설비를 도입하고 건물 실내를 서양식으로 고쳤다. 인정전의 샹들리에는 그때 유리창, 커튼과 함께 설치되었다. 일제는 실내 바닥의 전돌도 걷어내고 일본식 나무마루로 바꿨다. 공사는 1909년 봄 마무리되었다.

가장 두드러진 것은 샹들리에였다. 인정전 샹들리에는 자못 화려하고 육중하다. 뽀얗고 큼지막한 전등을 노란 천이 휘감았다. 샹들리에 틀에는 대한제국을 상징하는 오얏꽃(이화李花) 무늬를 디자인해 넣었다. 샹들리에 전깃불은 첨단 서양 문물이었고 근대의 상징이었다.

우리나라에 전기가 도입된 것은 1887년. 경복궁 건청궁에 처음 전기가 들어왔다. 에디슨이 전기를 사용한 이후 불과 8년 만이었다. 지금 경복궁 향원지 북쪽 건청궁 앞에는 '한국의 전기 발상지'라는 표석이 세워져 있다. 그 전깃불이 22년 뒤 창덕궁에도 들어왔고, 그것을 기념해 샹들리에를 설치한 것이다. 시대에 따라 사람 사는 공간도 변하는 법. 궁궐 전각에 전등을 설치한 것은 어쩌면 당연한 일이다. 20세기를 살아가는 임금이 꼭 19세기 스타일을 고집할 필요는 없다.

샹들리에에 하나둘 불이 들어오면, 창덕궁의 밤은 아름다웠을 것이다. 하지만 창덕궁의 샹들리에를 볼 때마다 마음이 무거워진다. 인정전을 수리하고 샹들리에를 매단 것은 결국 일본의 의도가 반영된 일이었기 때문이다. 인정전과 그 앞마당은 조선 정부와 왕실의 주요 의례 공간이었다. 인정전 전면의 모든 창호를 활짝 열어

젖히고 마당까지 연결해 공간을 확보한 뒤 주요 의례를 거행했다. 그런데 일제는 인정전을 단순한 응접실로 축소시켜버렸다. 천장에 샹들리에를 달고, 바닥의 전돌을 나무로 바꾸고, 창호의 일부를 붙박이 유리창으로 바꾸어놓은 것에는 바로 이러한 일제의 의도가 깔려 있다.

인정전에 샹들리에가 매달렸던 그때, 전기 공급이 원활치 않아 전구가 자주 깜박였고 그로 인해 수리비도 많이 들었다고 한다. 전구가 제 할 일을 다하지 못한 것이다. 들어왔다 나갔다 하는 그 모습이 마치 건달 같다고 해서 '건달불'이라고 부르기도 했다. 깜박깜박하는 전등. 당시 우리의 국운과 비슷했던 것일까. 1910년 8월 그곳 창덕궁에서 조선의 500년 역사는 막을 내렸다. 20세기 초 신문명을 상징하는 전깃불 샹들리에. 우리는 그렇게 근대와 만났다.

고종이 와플을 좋아했다고?

2017년 국립고궁박물관 연구진은 창덕궁 곳곳에 남아 있던 근대기 대한제국의 생활 유물을 조사 정리했다. 서양식 가구, 욕실용품, 식기류, 조리 용구가 꽤 많았다. 대부분 프랑스, 영국, 독일 등 유럽에서 수입한 것들이었다. 가구 가운데에는 당시 세계적인 가구 업체인 영국의 메이플Maple사의 제품이 두드러졌다.

이 생활용품들은 대한제국기, 일제강점기에 창덕궁과 덕수궁에서 사용했던 것이다. 창덕궁에서 순종이 사용했던 물건도 있고, 덕수궁에서 고종이 사용하다 언젠가 창덕궁으로 옮겨놓은 물건도 있을 것이다. 하지만 기록이 남아 있지 않아 그 사용 시기를 하나하나 확정할 수는 없다.

조사 도중 독특한 물건 하나가 연구진들의 호기심을 끌었다. 둥글고 넓적한 철제 팬이었다. 두 개의 철판이 붙어 있었고, 바깥쪽은 매끈했지만 안쪽은 울퉁불퉁 사각형의 요철이 가득했다. 그 특이한 모습에 연구진들은 고개를 갸웃거렸다. 알고 보니 와플 팬이었다. 와플을 만들 때 쓰는 요즘 도구와 흡사했다. 와플 팬에는 'DAWN'이라는 단어가 새겨져 있지만 아직 그 의미를 해석하지는 못했다.

와플 팬과 함께 제과 형틀도 140여 점이나 발견되었다. 제과 형틀은 표면에 '벤험 앤드 프루드Benham & Froud'라는 영국 회사의 십자가 모양 로고가 새겨져 있었다. 런던에 본사를 둔 이 회사는 주방용기와 제과 형틀을 제작하는 업체이며, 십자가 모양 로고는 19세기 말부터 20세기 초까지만 사용했다고 한다. 그러니 이 제과 형틀은 대한제국 시기 황실에서 수입했을 것으로 보인다. 그렇다면, 제과 형틀과 마찬가지로 와플 팬도 20세기 초 수입품일 가능성이 농후하다.

고종은 우리나라에 들어온 외국인 외교관들을 덕수궁에서 자주 접견했다. 그때 주로 서양식 음식을 제공했다. 영국의 지리학자인 이저벨라 버드 비숍Isabella Bird Bishop(1831~1904)은 조선을 여행하고 『조선과 그 이웃 나라들Korea and Her Neighbours』이라는 책을 남겼다. 여기엔 이런 대목이 나온다. 궁궐에 초대받아 서양식 음식을 먹었던 경험에 관한 내용이다.

고종 때 덕수궁에서 사용했던 와플 팬

노란색 비단이 드리워진 수수한 방으로 안내되어 우리는 곧 커피와 케이크를 정중하게 대접받았다. 그 후 저녁 식사는 상궁이 궁중 역관의 도움을 받아 아주 아름답게 꾸며진 식탁을 앞장서서 주도해나갔다. 저녁 식사는 놀랍게도 서양식으로 차려졌다. 수프를 포함해서 생선, 퀘일, 들오리 요리, 꿩 요리, 속을 채워 만든 쇠고기 요리, 야채, 크림, 설탕에 버무린 호두, 과일, 적포도주와 커피 등등이었다. 궁중 시인侍人들과 그 밖의 몇 사람이 우리와 함께 식사를 했다.

당시 궁궐에선 지금의 우리가 생각하는 것보다 서양식 만찬이 빈번했던 것 같다. 와플은 빵과 함께 서양식 만찬의 주요 디저트였다. 현재 남아 있는 와플 팬은 하나이고, 제과 형틀은 140여 점이나 남아 있다는 점에서 와플이 빵보다는 더 귀하게 취급된 것 같다.

이 와플 팬은 서울 경복궁 내 국립고궁박물관에 전시 중이다. 이것을 보고 있노라면 100여 년 전 덕수궁에서 있었던 황실의 만찬 상황이 머리에 떠오른다. 외국 외교관들과 함께 커피를 마시며 디저트 와플을 즐기던 고종의 모습. 고종과 와플의 관계에 대해 좀 더 조사하고 연구해야겠지만, 정황상 이 같은 추론은 충분히 가능하다. 와플과 커피는 잘 어울린다. 커피를 좋아했던 고종이었기에 와플을 좋아했을 가능성은 더욱 크다. 맛도 맛이지만 벌집 같은 독특한 모양새도 고종의 호기심을 자극했을지 모른다. 요즘 많은 사람들이 좋아하는 와플. 그 와플 인기가 100년 전 덕수궁에서 시작된 것은 아닐까.

순종 어차와 오얏꽃

우리나라에 자동차가 들어온 것은 1900~1901년경으로 추정된다. 초창기 자동차에 대한 구체적인 기록은 없다. 다만, 미국인 여행탐험가 일라이어스 버튼 홈스Elias Burton Holmes(1870~1958)가 남긴 기행문에 '1901년 서울에서 자동차를 타고 여행했다'는 내용이 있는 점으로 미루어 대략 이즈음일 것으로 추정한다.

서울 경복궁 내 국립고궁박물관에 가면 순종 황제 부부의 어차御車가 있다. 순종이 탔던 1918년식 캐딜락(미국 GM사 제작)과 순정효황후純貞孝皇后가 탔던 1914년식 다임러(영국 다임러사 제작)다. 현재 전 세계에 캐딜락 1918년식 차종은 20대, 다임러 1914년식 차

순종이 탔던 1918년식 캐딜락 어차

종은 3대만 남아 있다고 하니 매우 희귀한 자동차 유산이 아닐 수
없다. 또한 순종 부부 어차는 국내에 현존하는 자동차 가운데 가
장 오래된 것이다.

하지만 이 어차들을 언제 어떻게 들여왔는지, 순종 부부가 어떻
게 타고 다녔는지 알 수 없는 상황이다. 관련 기록이 없기 때문이
다. 어차의 제작 연도나 상황으로 보아, 순종은 1920년대에 이 캐
딜락을 탔을 것이다. 1926년 순종은 세상을 떠났고, 이 어차는 창
덕궁에 보관되어왔다. 세월이 흘러 차에는 녹이 슬고 부품은 훼손
되어갔다.

더 이상 내버려둬선 안 된다는 판단에 따라 1997년 수리 복원
에 들어갔다. 차의 외양 부분은 영국의 고古자동차 전문 복원업체
인 윌대WILDAE에서, 엔진과 섀시 부분은 현대자동차가 맡았다. 수리
복원은 2001년 마무리됐다. 복원을 마치면 이 차들을 실제로 주행

하자는 의견도 있었다. 그러나 안전상 문제가 발생할 수 있다는 전문가들의 지적에 따라 운행 계획은 접었다.

순종 부부 어차의 외관은 이국적이고 낭만적이며 고풍스럽다. 120여 년 전 초창기 자동차의 분위기를 물씬 풍긴다. 근대기를 다룬 영화에 나올 법하다. 차체는 철제가 아니라 목제이며 차체 외부는 칠漆로 도장을 했다. 내부는 황금색 비단과 고급 카펫으로 꾸몄다. 문에는 대한제국의 상징인 오얏꽃 무늬를 도금으로 부착했다. 오얏꽃 무늬가 들어간 것으로 보아 자동차회사에서 자체적으로 생산한 것이 아니라 대한제국 황실의 주문을 받아 제작했음을 알 수 있다. 대한제국의 상징 오얏꽃을 붙였지만 그때 대한제국은 일본의 식민지였다.

지금 고궁박물관에서 만나는 순종 어차는 신차인 양 깨끗하다. 수리하고 복원한 것은 좋았는데 너무 깨끗하다 보니 시간의 흔적이 사라진 것 같아 아쉬움이 남는다. 약간 빛바랜 모습으로 복원했으면 어땠을까. 금빛 오얏꽃의 번쩍거림이 오히려 더 식민의 아픔을 전해주는 것 같다.

홍릉과 유릉, 좌절된 자주권의 열망

경기 남양주시 금곡에 있는 조선 고종의 홍릉洪陵과 순종의 유릉裕陵. 이곳은 조선의 다른 왕릉들과 분위기가 사뭇 다르다. 가장 대표적인 것은 왕릉 입구 홍살문에서 침전寢殿(왕의 신위를 봉안하고 제사를 올리는 곳) 사이 신도神道 양옆에 줄지어 선 석물石物(돌조각)들이다. 문석인文石人,

무석인^{武石人}과 기린, 코끼리, 사자, 해태, 낙타, 말 등의 석수^{石獸}를 두 줄로 도열하듯 배치해놓았다. 다른 왕릉에서는 볼 수 없는 점이다.

보통 조선 왕릉의 석물은 침전 앞이 아니라 침전 뒤쪽 봉분 주변에 둘러서 있다. 봉분 주변의 석수는 호랑이, 말, 양이 전부였다. 그런데 홍릉·유릉에선 석물을 세운 위치도 달라진 데다 전례에 없던 코끼리, 낙타, 기린이 등장한다. 파격이 아닐 수 없다. 왜 그런 것일까.

1897년 고종은 대한제국을 수립하고 스스로 황제라 칭했다. 청나라와 대등한 나라를 만들고 근대화를 이루고 싶었던 것이다. 고종은 황제였기에 자신의 무덤도 중국 명나라의 황제릉처럼 만들고자 했다. 고종은 생전에 능의 구조를 직접 구상했을 정도였다. 1919년 1월 고종은 승하했고, 고종의 능은 남양주로 정해졌다.

서울 동대문구 청량리에 있던 명성황후의 능도 이곳으로 옮겨와 하나의 봉분 속에 합장했다. 이름은 명성황후의 홍릉을 그대로 이어받았지만 문무석인과 동물들의 석물을 도열하듯 두 줄로 배치함으로써 황릉^{皇陵}으로서의 위용을 보여주려 했다.

1926년 순종이 승하하자 홍릉 옆에 유릉이 조성되었다. 유릉 또한 기본적으로 홍릉과 비슷하게 명나라의 황제릉의 특징을 가미했다. 석물 배치도 그런 맥락이었다. 그러나 유릉의 석물은 홍릉의 것보다 더 크다. 동물 조각은 더욱 사실적이고 입체적이다. 문석인, 무석인도 이목구비가 뚜렷해 서구 조각의 분위기를 풍긴다.

유릉을 조성하는 일은 일제가 주도했고 석물도 일본인 조각가들이 제작했다. 일제는 유릉을 조성한 이듬해 1927년에 침전 앞 석

고종과 명성황후의 홍릉

물을 만들기 시작해 1928년 마무리했다. 석물을 제작하면서 일제
는 "조선의 예술품은 쇠멸하였고, 신생기가 도래하여 그 시대의 예
술작품을 남겨 후세에 전해야 한다."라는 주장을 늘어놓았다. 그러
곤 근대적 조각술을 조선 왕릉에 적용했다. 우리가 전통적으로 왕
릉 석물을 제작해오던 방식과 달리 모형을 떠서 그것을 토대로 작
업한 것이다.

　일제는 당시 일본의 대표적인 조각가 아이바 히코지로相羽彦次郎
가 제작한 모형을 토대로 유릉의 석물을 만들었다. 그 모형은 서양
식 조각 기법에 따른 것이다. 서양의 조각 기법을 받아들였기에 우

식민 지배 이데올로기의 상처를 느끼게 하는 유릉의 석물

리의 전통 조각보다 사실적이고 입체적일 수밖에 없었다. 그 과정
은 결국 우리의 전통 방식을 무시하고 왜곡한 것이었다. 유릉의 석
물엔 이렇게 식민 지배 이데올로기의 상처가 배어 있다.

　이 밖에도 홍릉과 유릉은 독특한 점이 많다. 두 왕릉은 왕과 왕
비의 시신을 하나의 봉분에 합장한 무덤이다. 홍릉은 고종과 명성
황후의 합장릉이고, 유릉은 순종과 순명효황후純明孝皇后, 순정효황후
를 한곳에 묻은 3인 합장릉이다.

　고종에게 대한제국은 근대로 가는 과정이었다. 조선의 위상을
회복하고 자주권을 되살리기 위한 열망이었다. 살아서 대한제국을

잃었지만 죽어서 황제릉이 조성되었으니 어쩌면 그 열망이 이뤄진 것일까. 아니다. 유릉에 이르러 근대의 꿈은 무너졌다. 일본인들이 만든 석물은 근대 조각이기에 앞서 조선의 전통과 왕실에 대한 훼철이었기 때문이다.

고즈넉한 홍릉과 유릉. 초입에서 두 줄로 도열해 사람을 맞아주는 석물들. 언뜻 보면 당당하지만 그 내력을 생각하면 마음이 쓸쓸해진다

건청궁 깊은 곳, 부서진 주춧돌

건청궁乾淸宮은 경복궁의 북쪽 가장 깊은 곳에 있다. 그래서인지 늘 고즈넉하다. 때로는 너무 조용하다는 생각마저 든다. 그래서일까. 건청궁에 들어서면 나도 모르게 자꾸만 더 깊은 곳으로 빨려들어가 막다른 담장 근처까지 이르곤 한다. 담장 너머는 청와대. 먼발치로 경찰들이 오간다. 거기 건물 기단부와 주춧돌이 눈에 들어온다. 건물은 보이지 않고 웬 주춧돌인가, 사람들이 고개를 갸우뚱한다.

일제는 조선 식민 통치 5년을 맞아 1915년 경복궁에서 조선물산공진회朝鮮物産共進會라는 이름의 박람회를 개최했다. 이를 위해 1914년 경복궁의 여러 전각을 무참히 헐어냈다. 왕세자의 처소였던 자선당資善堂 건물도 헐렸다.

그 무렵 한국에서 큰돈을 번 일본인 사업가 오쿠라 기하치로大倉喜八郎가 자선당에 눈독을 들였다. 그는 데라우치 총독에게 부탁해 자선당의 해체 부재들을 도쿄에 있는 자신의 집으로 빼돌렸다.

일본으로 약탈당했다가 80여 년 만에 돌아온 자선당 기단부

그렇게 해서 일본에 건물을 세운 뒤 '조선관^{朝鮮館}'이라는 간판을 달고 미술관으로 사용했다. 그런데 1923년 간토^{關東}대지진으로 목조 건물이 불타고 기단과 주춧돌만 남게 되었다. 이후 세월이 흐르면서 자선당은 사람들의 기억 속에서 사라졌다.

1993년 건축사학자인 김정동 당시 목원대 교수는 근대 건축 자료를 뒤지던 중 자선당의 행방을 알게 되었고, 곧바로 도쿄로 달려갔다. 오쿠라의 집은 1964년 도쿄올림픽을 계기로 오쿠라 호텔로 바뀌어 있었다. 호텔과 그 주변을 조사하던 김 교수는 한적한 산책로에서 건물의 흔적을 발견했다.

이 소식이 알려지면서 기단부와 주춧돌을 반환받아 자선당 복원에 활용해야 한다는 여론이 비등했다. 결국 김 교수 등의 노력에 힘입어 1995년 국내로 돌아왔다. 석재 288개에 무게는 약 110톤.

하지만 돌들의 훼손이 심각했다. 대부분 금이 가거나 깨졌고 강도도 매우 약해졌다. 복원에 활용할 수 있는 상태가 아니었다. 논의 끝에 복원엔 사용하지 않고 건천궁 뒤편 한적한 곳에 보존하게 되었다. 현재의 자선당은 새로운 돌로 기단부를 만들어 복원한 것이다.

일본에서 돌아온 돌들을 보면 성한 것이 거의 없다. 대지진 때의 화재와 충격으로 부서지고 깨지고 금이 갔다. 모서리 각을 유지하고 있는 돌도 드물다. 정원석으로 사용하기 위해 직육면체 돌의 모퉁이를 부순 흔적도 보인다. 특히 정면 계단 돌들은 처참할 정도다. 명성황후가 시해된 곳, 건청궁. 이곳에서 금 가고 깨진 자선당 주춧돌을 만나다니, 상처는 아직 아물지 않았다.

3. 산업화 시대, 공장의 불빛

가장 포항스러운 삼화제철 용광로

1991년 강원도 동해시 삼화제철 부지에 아파트를 짓기로 했다. 그곳엔 선철銑鐵 생산을 위해 1943년 설치한 고로(용광로)가 8기 있었다. 그 8기의 고로는 당시 우리나라(북한 제외)에 남아 있는 고로 가운데 가장 오래된 것이었다. 하지만 아파트를 짓는다는 명목으로 고로 7기를 철거해버렸다. 역사의 흔적보다 개발이 더 중요한 시대였다.

막상 없애고 나니 반성의 목소리가 들렸다. 하나 남은 고로라도 잘 보존해야 한다고. 1992년엔 문화재로 지정하자는 의견도 나왔다. 그러나 반대도 만만치 않았다. 이 같은 상황에서 포스코(옛 포항제철)가 고로를 눈여겨보았고, 1993년 고로를 매입해 보존하기로 했다.

일제는 군비 확장과 대륙 침략이 한창이던 1930년대부터 한반도에 제철소를 짓기 시작했다. 1943년 일본 고레가와焊川제철은 삼척에 소형 고로 8개를 갖춘 공장을 세웠다. 광복 후 고레가와제철은 삼화제철로 이름이 바뀌었다. 그러나 전력, 원료, 기술자가 모두 부족해 고로를 제대로 가동할 수 있는 상황이 아니었다. 1949년 제철소 규모를 확장하면서 고로를 보수하기로 했다. 그러나 보수공사는 6·25전쟁으로 중단되었다. 1952년 국고보조금을 투입해 고로를 다시 보수했다. 이어 1954년 시험 생산에 들어갔으나 전력과 자금 부족으로 곧바로 휴업해야 했다. 이후 추가 보수가 수차례 되풀이되었고 드디어 1961년부터 선철을 생산할 수 있었다.

이것이 1950~1960년대 한국 제철 산업의 현실이었다. 1960년대 제철소가 10여 곳 있었지만 제대로 된 선철을 생산하는 곳은 삼화제철이 유일했다. 삼화제철은 1971년까지 철을 생산하고 문을 닫았다. 동국제강이 고로를 인수한 뒤 그 가운데 7기를 개조해 생석회를 생산하기도 했다. 가장 오래된 고로 7기는 용광로라는 본래의 용도를 잃어버리고 생석회를 생산하는 우여곡절을 겪었고 1990년대 아파트 건설 과정에서 끝내 철거되고 말았다.

1993년 포스코는 하나 남은 고로를 해체해 포항으로 옮겨 왔다. 보수 복원을 거쳐 지금은 포스코역사관 야외 전시장에 전시해 놓았다. 수차례 보수와 가동 중단을 반복했지만, 그래도 한 시대를 뜨겁게 견뎌온 삼화제철소 고로. 거기엔 우리 제철 산업의 역사와 애환이 고스란히 담겨 있다. 고로 중에서는 소형이라고 하지만 높이 25미터, 무게 30톤의 위용을 자랑한다. 멀리서 보면 멋진 예술 조형물 같다. 제철 도시 포항의 이미지와 참 잘 어울린다.

포스코역사관 야외 전시장에 전시해놓은 삼화제철소 고로   ⓒ문화재청

옛 조선내화 목포 공장과 붉은 벽돌의 꿈

전남 목포시 유달산을 배경을 우뚝 솟은 굴뚝 세 개. 그중 하나는 1930년대 붉은 벽돌로 차곡차곡 25미터를 쌓아 올린 것이다. 오래되어 금이 가고 벽돌 몇 개는 떨어지고 부서졌어도 촘촘히 쌓인 붉은색 견고함이 목포 앞바다와도 잘 어울린다. 이 굴뚝은 보는 이의 가슴을 탁 트이게 한다. 벽돌의 투박한 질감과 하늘로 우뚝 솟은 상승감이 보는 이를 기분 좋게 한다. 나머지 두 개의 굴뚝은 1950~1960년대에 지은 철근 콘크리트 굴뚝이다. 이 굴뚝들은 이곳이 목포의 산업 중심지였음을 웅변한다.

호남선의 종점인 목포역에서 차로 10여 분 남짓. 남쪽으로 바닷가를 두고 유달산이 넉넉하게 감싸주는 곳. 목포시 온금동에 조선내화 옛 목포 공장이 있다. 예전엔 째보 선창이 있었고, 저 멀리 고하도 들어가는 다리가 보인다. 위로는 해상 케이블카가 부지런히 오간다.

조선내화 옛 목포 공장은 열과 불에 견디는 벽돌 등 내화물^{耐火物}을 생산하던 곳이었다. 1997년 이후 가동이 중단되었지만 현재까지 남아 있는 흔적들을 둘러보면 과거의 영화가 그대로 전해온다. 1938년부터 1970년대에 걸쳐 지은 여러 채의 공장 건물, 벽돌 야적장, 사무실, 공장장 사택과 테니스장……. 일부 공장 건물은 천장이 무너져 내렸지만 대체로 천장의 철골 트러스 구조가 웅장한 모습을 그대로 뽐내고 있다.

공장 건물 내부엔 벽돌을 구워내는 터널식 가마 두 기가 있다. 하나는 독일제 가마, 하나는 일본제 가마로 모두 1960년대에 설

조선내화 옛 목포 공장의 굴뚝

치한 가마다. 벽돌을 건조하는 건조기도 있고, 미국 보이드사에서 1967년 제작한 고압 프레스 기기도 있다. 벽돌 만드는 과정의 웅장함이 절로 느껴진다. 옛 사무실에 들어가면 1960~1970년대 분위기가 풍긴다. 사장실, 사무실, 교환실……. 교환실 바로 옆에는 '기술 좋다 자랑 말고 품질 제일 자랑하자!'라는 구호가 여전히 적혀 있다.

조선내화는 애초 1930년대 후반 일제가 세운 회사였다. 당시 전쟁을 위해 무기 생산용 철이 필요했던 일제는 이를 위해 제철용 내화 벽돌을 이곳 목포 공장에서 생산했다. 광복 이후인 1947년 목포 지역의 기업인 이훈동李勳東이 회사를 인수해 여러 시설을 정비

조선내화 옛 목포 공장에 남아 있는 터널식 가마

했고 1970년대 이후 포항제철과 광양제철 등에 내화 벽돌을 집중 공급하면서 전성기를 구가했다. 그러나 1997년 공장을 광양, 포항 으로 옮기면서 목포 공장은 가동이 중단되었다.

조선내화는 보해양조, 행남사와 함께 목포의 3대 기업으로 꼽 혔다. 그런데 보해양조와 행남사의 공장이 먼저 목포를 떠났고 조 선내화만 목포에 남아 있었다. 그렇기에 조선내화 목포 공장에 대 한 목포 사람들의 기억은 더욱 각별하다.

2017년 이곳을 처음 찾았을 때, 겉으로는 폐허 같았지만 거기 숨겨진 조선내화의 진짜 모습은 일대 장관이었다. 가히 충격이라고 말하기에 충분했다. 20여 년 방치해 무너지고 부서진 곳이 많았지만 전체적으로 공장의 흔적과 설비는 비교적 잘 유지하고 있었다. 그 규모도 대단했다. "아, 제대로 된 근대 유산이구나."란 탄성이 절로 나왔다. 이곳을 보수 복원한다면 멋진 산업유산 공간으로 거듭날 것이라는 확신이 들었다. 다행히도 복원 활용 쪽으로 의견이 모아져 2017년 말 국가 등록문화재(근대문화재)로 지정되었고 2021년 현재 보수 복원 작업이 한창이다.

공장 건물을 옛 모습대로 되살려 조선내화의 역사를 보여주고 동시에 다양한 용도로 활용한다면 이곳은 몇 년 뒤 목포에서 가장 '핫'한 곳으로 변해 있을 것이다. 대규모의 양조 공장을 방치해오다 문화공간으로 복원해 인기를 누리고 있는 캐나다 토론토의 '디스틸러리 디스트릭트 The Distillery District'처럼 말이다.

캐나나 토론토의 디스틸러리 디스트릭트 역사 지구는 한때 세계 최대 규모의 양조장으로 불렸던 '구더햄 앤드 워츠 양조장 Gooderham and Worts Distillery'이 있던 자리다. 이 양조장은 19세기 세계 최고 양조장 가운데 하나로 꼽혔다. 이후 조금씩 쇠락했지만 그래도 1990년대까지 위스키와 럼주 등을 생산했다. 생산 중단 이후 한동안 방치되었으나 2001년부터 2003년까지 재생 작업을 진행해 오늘의 모습으로 재탄생시켰다. 박물관, 갤러리, 공연장, 부티크, 상점, 공방, 스튜디오, 식당과 카페 등이 즐비하고 〈시카고〉, 〈엑스맨〉 등 800편이 넘는 영화와 드라마를 촬영한 장소로도 유명하다. 텅 비어 먼지 쌓이고 음산했던 양조장이 토론토의 명소가 된 것이다. 옛 공장을 문화공간으로 재생시킨 것도 중요하지만 우리가 진정으로 주목해야 할 점은 과거 양조장의 모습을 최대한 그대로 유지하고 있다는 사실이다.

조선내화 옛 목포 공장에 가면 디스틸러리 디스트릭트가 떠오른다. 이곳 조선내화 공장에선 몇 년 전 이미 전시와 공연을 진행한 적이 있다고 한다. 몇 년 뒤 보수 보존 및 문화공간화 프로젝트가 잘 마무리되고 나면 "목포의 문화와 관광은 조선내화로 통한다."라는 말이 나올 수 있지 않을까 기대한다. 다만 활용 용도에 대해선 단순히 전시장, 공연장, 카페로 활용하는 데 그치지 말고 이 공간의 본질을 구현할 수 있도록 더욱더 고민했으면 좋겠다.

망미동 F1963과 고려제강 와이어

인천대교, 부산항대교, 이순신대교, 광안대교……. 멋진 모습을 자랑하는 사장교斜張橋, 현수교懸垂橋들이다. 이들의 공통점은 철제 케이블을 사용했다는 사실이다.

부산 광안대교에서 그리 멀지 않은 부산 수영구 망미동. 이곳엔 고려제강의 옛 공장이 있다. 고려제강은 교량용 철제 케이블을 비롯해 다양한 와이어Wire를 만드는 세계 굴지의 기업이다. 망미동 공장에선 1963년부터 2008년까지 45년 동안 와이어 로프Wire Rope를 생산했다.

이 공장이 2016년 공연장, 전시장, 카페, 서점 등을 갖춘 복합문화공간으로 바뀌었다. 지금은 이곳을 F1963이라 부른다. 1963은 공장을 지은 해이고 F는 공장을 뜻하는 영어 단어 'Factory'에서

F1963의 중고서점 전경

따왔다.

  F1963은 곳곳이 매력적이다. 옛 와이어 공장 건물의 형태와 뼈
대를 잘 유지해 그 흔적을 최대한 살렸기 때문이다. 가장 인상적인
곳은 카페와 중고서점이다. 특히 높고 웅장한 천장이 압권이다. 와
이어 공장답게 천장을 가로지르는 무수히 많은 철제 빔. 그 빔들이
겹치고 얽혀 일대 장관을 연출한다. 실제로 와이어 공장에 들어온

F1963 카페 내부에 전시된 보빈

듯한 분위기다.

　카페 여기저기엔 와이어를 감아놓는 보빈^{Bobbin}이 흩어져 있다. 지름이 1.5미터가 넘는 커다란 것부터 자그마한 것까지. 이 보빈을 옆으로 뉘어 테이블로 사용하기도 하고 장식용으로 활용하기도 한다. 색다른 경험이 아닐 수 없다. 공장에서 사용하던 시커멓게 녹슨 철판을 카페 테이블로 재활용하기도 한다. 중간중간 벽체의 기둥도 철거하다 만 채로 살려두었다. 중고서점엔 옛 분위기를 살리기 위해 실링 인쇄기, 옵셋 인쇄기 같은 옛날 인쇄기도 전시해놓았다.

　F1963의 가장 큰 덕목은 '날것 그대로'의 분위기를 잘 유지했다는 점이다. 국내에서 근대 산업유산을 활용한 문화생활공간 가

공장 분위기를 느끼게 하는 F1963 카페의 전시물

운데 본래의 흔적을 가장 적극적으로 살린 곳이다. 그것은 사람들에게 신선한 경험을 제공한다. 그 하나만으로도 공장의 분위기를 느낄 수 있고, 산업화 시대의 한 단면을 간접적으로 경험할 수 있다. 그 경험은 감동으로 이어진다. 근대 산업유산의 존재 의미라고 해도 과언이 아닐 듯하다. 그래서인지, F1963은 부산의 명물이 되었다. 평일에도 카페엔 남녀노소 사람들로 가득하고, 중고서점엔 기념품과 책을 사려는 청소년들의 발길이 이어진다. 모두 공장의 흔적에 매료된 것이다.

이 공장은 1945년 창립한 고려제강이 세계 굴지의 와이어 기업으로 우뚝 서는 데 견인차 역할을 했던 곳. F1963 바로 옆에 고려제강의 역사를 보여주는 기념관(박물관)도 있다.

일본 삿포로에는 삿포로맥주 공장 건물을 활용한 복합생활문화공간 삿포로 팩토리가 있다. 삿포로에 갈 때마다 늘 그게 부러웠다. 하지만 우리에게도 F1963이 생겼으니, 삿포로에 대한 부러움은 많이 사라질 것 같다.

장항제련소와 굴뚝의 미학

서해와 금강이 만나는 곳, 충남 서천군 장항읍. 장항 하면 가장 먼저 떠오르는 것 가운데 하나가 옛 장항제련소다. 1936년 조선제련주식회사가 설립되면서 장항제련소의 역사가 시작되었다. 일제가 제련소를 세운 것은 우리의 금과 동 등 금속을 수탈하기 위해서였다. 그 후 광복을 거치면서 장항제련소는 비철금속 제련의 핵심 거점으로 자리 잡았다.

장항제련소는 1980년대까지만 해도 전국에서 관광객들이 몰려들 만큼 인기가 높았다. 장항 사람들은 "예전에 제련소가 먹여 살렸지요."라고 말한다. 그러나 제련 공정은 1989년 중단되었다. 2000년대 초엔 금속 제련 과정에서 발생한 주변 지역의 환경오염과 이로 인한 주민의 건강 문제가 불거지면서 논란의 대상이 되기도 했다.

일제의 수탈, 근대화 산업화, 환경오염과 주민 건강……. 장항제련소와 관련된 상황을 이렇게 몇 개의 키워드로 정리해볼 수 있지 않을까. 그것은 간단한 듯하지만 거기엔 장항제련소와 장항의

이제는 제련 공정이 폐쇄된 옛 장항제련소의 굴뚝

역사가 고스란히 담겨 있다. 이렇게 장항제련소에는 영욕이 섞여 있지만 이 모든 것이 우리가 기억해야 할 역사다. 1930년대에 함께 세워진 국내 3대 제련소 가운데 북한의 흥남제련소와 진남제련소가 이미 사라졌기에 장항제련소의 흔적은 그 가치가 더욱 크다.

옛 장항제련소에서 가장 두드러진 것은 굴뚝이다. 1936년 제련소 설립 당시 굴뚝도 함께 세웠다. 지금의 굴뚝은 1979년 재건립한 것이다. 검은 연기를 쏟아내는 장항제련소 굴뚝의 모습은 산업화의 상징이었다. 그래서 그 사진이 초등학교 교과서에 실리기도 했다.

산업화의 상징이었던 옛 장항제련소의 굴뚝

바다를 배경으로 해발 120미터 바위산에 우뚝 솟은 굴뚝. 그 굴뚝은 높이 90미터, 지름 7.5~9.5미터에 달한다. 멀리서 보면 거대한 조형 미술품 같다. 1989년에 제련 공정이 폐쇄된 이후, 굴뚝은 사용하지 않고 있다. 하지만 굴뚝의 위용은 여전히 당당하다. 굴뚝에 이어져 있는 100미터 정도의 연도煙道는 독특한 경관을 자랑한다.

연도는 웅장하다. 연도를 따라 바위산 정상에 오르면 연도의 부서진 흔적이 보이고 그 풍경이 많은 것을 생각하게 한다. 고개를 들어 굴뚝을 올려다보면 길고 거대한 굴뚝의 끝이 아득하게 펼쳐진다. 굴뚝이 있는 바위산에 서면 바다 건너 군산시가 한눈에 들어온다. 저 거대한 굴뚝은 그래서 단순한 굴뚝 그 이상이다. 그것은 우리 근대의 흔적이면서 20세기 장항의 역사이다.

장항제련소 공간은 이후 럭키금속, LS산전 등을 거쳐 지금은 LS메탈의 장항 공장이다. 환경오염 물질을 발산하는 제련 작업은 이미 중단되었지만, 그럼에도 이곳은 중요한 금속 산업의 현장으로 이어져 오고 있다.

현재 사용하지 않는 옛 제련소 건물을 그냥 방치하지 말고 제련소를 기억하는 공간으로 활용하면 좋을 것이다. 원형을 훼손하지 않는 범위 내에서 굴뚝과 그 주변을 매력적으로 활용할 수 있지 않을까. 물론, 그 활용에 있어 결론을 미리 정해놓고 접근할 필요는 없다. 하지만 분명한 것은 좀 더 적극적으로 장항제련소를 기억해야 한다는 사실, 그리고 그 핵심은 굴뚝이라는 사실이다.

종종 장항에 갈 때마다 저 굴뚝을 바라본다. 우직하게 솟아 있는 둥근 바위산도 인상적인데 거기에 발을 딛고 상공으로 쭉 뻗어

오른 굴뚝은 더더욱 강렬하다. 저것은 장항의 역사이고 장항 사람들의 애환의 흔적이다. 그냥 방치하는 것은 어쩌면 장항의 20세기 역사에 결례를 범하는 일이다.

영등포공원 담금솥과 맥주의 추억

일본 삿포로 도심엔 '삿포로 팩토리'가 있다. 1876년 세운 삿포로 맥주 공장을 교외로 이전하고 1993년 공장 건물 일부와 굴뚝을 살려 생활문화공간으로 활용하고 있는 곳이다. 옛 공장 건물 가운데 양조 공간은 맥주박물관으로 꾸몄다. 그건 단순한 맥주의 역사가 아니라 삿포로의 역사였다. 흉물 같았던 공장 굴뚝은 삿포로를 상징하는 명물이 되었고 삿포로 시민과 관광객들로 늘 붐빈다. 외곽으로 옮긴 삿포로맥주 공장에도 맥주박물관을 하나 더 만들었다.

1876년은 일본을 통해 우리나라에 맥주가 들어온 해다. 이후 일제강점기에 들어서면서 맥주 마시는 사람이 늘어났고, 1933년 맥주를 생산하기 시작했다. 그해 대일본맥주가 조선맥주를 세웠고, 기린맥주는 서울 영등포에 맥주 공장을 짓고 소화기린맥주를 설립했다. 조선맥주는 하이트맥주로, 소화기린맥주는 동양맥주, 오비맥주로 이어졌다.

서울 영등포역 옆에 영등포공원이 있고 거기 커다란 담금솥이 있다. 오비맥주 공장에서 맥아와 홉을 끓이는 데 사용했던 대형 솥을 공원에 전시해놓은 것이다. 1933년 솥을 만들어 1996년까지 사용했으니, 우리나라에서 가장 오래된 맥주 제조 용기인 셈이다. 나

서울 영등포 오비맥주 공장 터의 담금솥

사도 몇 개 빠지고 약간 찌그러지기도 했지만 전체적으로 보존 상
태가 양호하다.

영등포공원은 오비맥주 공장이 있던 곳이다. 오비맥주 영등포
공장이 1997년 경기 이천으로 이전하자 서울시는 이곳을 공원으
로 조성했다. 하지만 우리나라 최초 맥주 공장 터라고 하기엔 썰렁
하기 짝이 없다. 맥주 공장의 다른 흔적들은 온데간데없고 담금솥
하나만 공원에 덩그러니 놓여 있을 뿐이다.

열차를 타고 영등포를 지날 때 늘 차창 밖으로 스쳐 갔던 맥주
공장의 풍경. 우리 일상의 음식 문화 가운데 하나로 굳건히 자리 잡
은 맥주. 영등포 공장은 우리 20세기 맥주 문화의 상징 공간이었다.

그런데 그 역사를 영등포 공장 터에서 제대로 만날 수 없다니, 큰 아쉬움이 아닐 수 없다. 공장 건물도 몇 개 남겨놓고, 여기에 기념관과 박물관도 꾸미고 이런저런 맥주 체험 공간도 마련했으면 얼마나 좋았을까. 맥주 공장의 굴뚝 한두 개도 살려놓았다면, 지금은 멋진 풍경이 되었을 텐데. 1997년 이천으로 공장을 옮길 때, 공장의 굴뚝을 남겨놓으려 했지만 안전상의 문제로 철거했다고 한다. 안전도 안전이지만 사실은 우리의 인식 부족, 의지 부족이 더 큰 문제였을 것이다. 굴뚝 하나, 건물 하나 보존하는 것이 그렇게 어려웠을까.

그동안 우리는 흔적을 너무 쉽게 없애고 훼손해왔다. 영등포공원에서 만나는 담금솥 하나로는 우리 맥주의 역사를 제대로 체감할 수 없다. 담금솥은 그래서 쓸쓸하고 외로워 보인다.

자동차, 일상이 되다

"나이스 투 미추, 렛츠 고 광주!" 영화 〈택시운전사〉(2017년 개봉)에서 주인공인 택시기사 송강호는 독일인 기자를 태우고 서울에서 광주로 달린다. 송강호가 운전한 택시는 1974년산産 브리사Brisa.

브리사는 기아산업이 1974년 12월 생산을 시작한 자동차. 일본 마쓰다松田자동차의 파밀리아 차량을 들여와 재조립한 것이다. '하루 유지비 2,000원의 경제형 세단'이라는 광고 문구와 함께 1975~1976년 큰 인기를 끌었다. 하지만 얼마 지나지 않아 포니Pony에게 자리를 내주었다.

우리나라 최초의 고유 모델 자동차 '포니'

©울산박물관

　포니는 대한민국 최초의 고유 모델 자동차이다. 현대자동차는
1973년부터 독자 모델 개발을 시작해 1975년 12월부터 현대자동
차 울산 공장에서 포니를 대량생산하기 시작했다. 국산화율 90퍼
센트. 판매 첫해인 1976년 국내시장 점유율 43퍼센트. 해치백 스타
일의 포니는 각이 진 기하학적 디자인으로 국내외에서 호평을 받았
다. 포니는 1980년대까지 한 시대를 풍미하며 한국 자동차의 역사
를 새로 썼다. 〈택시운전사〉에서 유해진이 운전하는 택시가 포니1
이다.

　2012년 울산박물관은 포니1 한 대를 5,000만 원에 구입했다.
그 과정은 매우 지난했다. 운행 가능한 포니1이 매우 귀한 데다 소
유주들이 값을 너무 비싸게 불렀기 때문이다. 그래서 박물관은 중
동이나 남미 등에 수출된 포니1을 찾아보기도 했다.

우리나라에 자동차가 들어온 것은 1900~1901년경. 첫 국산 자동차는 1955년 8월 생산한 '시발始發'이었다. 정비 기술자 출신 최무성 씨 3형제는 1954년 서울 을지로에 국제차량제작주식회사를 설립하고 차량 제작에 뛰어들었다. 끈질긴 노력 끝에 엔진을 직접 만들었다. 미국 군용차 폐품과 드

최초의 국산 자동차 '시발(始發)'

럼통을 이용해 차체를 제작하고 미군으로부터 받은 변속기와 차축 등을 활용해 국산차 제작에 성공했다. 3형제는 처음이란 의미를 담아 '시발'이란 이름을 붙였다. 로고는 독특하게 '시바—ㄹ'로 했다.

처음엔 반응이 시큰둥했으나 두 달 후 산업박람회에서 대통령상을 수상하자 인기가 치솟았다. 을지로 천막 공장은 '시발'을 사려는 사람들이 길게 늘어섰다. 차를 사기 위해 돈을 모으는 '시발계始發契'가 유행할 정도였다. 광고 문구엔 자부심이 가득했다. '넓은 아세아에 있어서 자동차를 제작하는 나라는 우리나라를 넣어서 2개국뿐이오니, 이 차를 사용함으로써 반만년 문화민의 자부심을 가집시다.'

시발, 브리사, 포니……. 그런 과정을 거쳐 우리는 세계적인 자동차 생산국이 되었다.

의성 성광성냥과 유황 냄새

비호표(대립성냥), 기린표(경남산업), 돈표(영화인촌산업), 비마표(조양성냥), 아리랑(조일산업), 두꺼비표(금남산업), UN(유엔화학), 비사표(남성성냥), 향로(성광성냥)……

　　다방이나 카페에 가면 테이블에 꼭 성냥이 놓여 있던 시절이 있었다. 애연가들에겐 너무 당연했고, 젊은 연인들은 그곳에서 성냥개비 탑 쌓기를 하면서 사랑을 키웠다. 쌓다가 무너지고 쌓다가 또 무너지고. 성냥개비를 활용한 퀴즈 놀이도 유행이었고, 성냥갑을 모으는 사람도 많았다. 다방이나 카페의 성냥갑이 특히 인기였다. 약간 촌스러운 듯하지만 인간적이면서 묘한 매력이 있는 성냥갑들의 디자인. 성냥은 사실 다방뿐만 아니라 가정에서 가장 중요한 생필품이었다. 1970~1980년대 성냥은 집들이 선물로 단연 최고 인기였다.

　　경북 의성군의 도심 한복판엔 성냥 제조업체 성광성냥이 있었다. 성광성냥은 1954년 설립되었고 1960~1970년대에 최고의 호황을 누렸다. 직원이 가장 많을 때엔 270여 명에 달했고 한 달 매출이 6억 원(현재 기준)을 넘었다고 한다. 하지만 1980년대 이후 난방과 취사 방식이 바뀌고 1회용 가스라이터가 자리 잡으면서 성냥의 수요가 줄기 시작했고 2000년대 들어 사양 산업이 되었다. 그 여파는 성광성냥에도 밀어닥쳤고 결국 경영난을 이기지 못하고 2013년 말 가동을 중단했다.

　　성광성냥은 우리나라에서 가장 최근까지 존재했던 대규모의 성냥 생산 업체 가운데 하나였다. 성광성냥 공장에선 원목 가공부

성광성냥 공장에서 성냥개비에 발화 약품을 바르던 공정

©의성군

터 포장까지 전 공정이 이뤄졌다. 원목을 구해 얇은 합판으로 깎은 뒤 잘게 썰어 성냥개비 모양으로 만든다. 거기에 파라핀 용액을 입히고 한쪽 끝에 붉은색, 흰색, 보라색 등의 발화 약품을 바른다. 그렇게 성냥을 제작하는 데 사용했던 기계 20여 대는 지금도 성광성냥의 옛 공장 건물 곳곳에 잘 남아 있다.

성광성냥의 여러 상품 가운데 가장 대표적인 것은 두부 크기의 '향로'였다. 이 '향로' 성냥갑 표면엔 이런 문구가 쓰여 있었다. "습기가 많은 선박이나 해안에서 사용하기가 좋습니다." 습기를 빨아들여 눅눅해지는 것을 막기 위해 성냥갑 안쪽에 나무토막을 넣기도 했다. 그렇다 보니 동해안 지역에서 특히 많이 팔렸다고 한다. 1970년대엔 5일장에서도 팔았고, 공장으로 직접 찾아와 불량품을 싸게 사 가는 사람들도 많았다. 과일 가운데 낙과나 파과를 싼값에

옛 성광성냥 공장의 내부
ⓒ의성군

파는 것과 비슷했다.

성광성냥은 의성 주민들에게 삶의 현장이었고 지금도 추억의 공간이다. 그곳에 근무했던 사람들뿐만 아니라 하청을 받아 일하는 주민도 많았기 때문이다.

우리나라에 성냥 공장이 처음 생긴 것은 1880년대 중반. 서울 양화진과 인천에 외국인이 공장을 세운 것으로 알려져 있다. 그러나 곧 문을 닫았고 1910년대 일본인들이 인천에 조선인촌朝鮮燐寸 회사를 설립하면서 성냥은 대중화되기 시작했다. 광복 직후 대한성냥이 생기며 우리 손으로 성냥을 만들기 시작했다. 성냥의 전성기는 1970년대였다. 한 해 생산량 2억 갑(1갑 500개비 기준)을 넘었고 외국에 수출까지 할 정도였다.

우리네 일상의 필수품으로, 애환을 함께해온 성냥. 그런데 이제

는 성냥을 팔아 돈을 벌 수 없
다. 그렇기에 성냥 공장을 더 이
상 가동할 수는 없다. 그 어려움
속에서도 최후까지 버텼던 성
냥 공장은 경남 김해시의 경남
산업이었다. 경남산업은 성광성
냥과 마찬가지로 원목 가공부
터 포장까지 성냥 제조의 전 공

대한성냥공업사의 옛 성냥들

정이 가능했던 대형 성냥 공장이었다. 1947년 설립된 경남산업의
대표 브랜드는 기린표 성냥. 1970년대에 호황을 누리며 한때 직원
이 300여 명에 달했다. 그 무렵, 경남산업은 김해 지역 경제의 든든
한 버팀목이었다. 그러나 시대의 변화를 막을 수는 없었고 2017년
끝내 문을 닫았다. 성광성냥이 문을 닫은 지 4년 만의 일이었다.

이제 성냥 공장은 모두 사라졌다. 성냥의 존재 가치도 거의 사
라졌다. 그럼에도 우리와 한 시대를 함께했던 성냥인데, 어딘가
에서 그 흔적을 만날 수는 없는 걸까. 안타깝게도 경남산업의 공
장 건물은 모두 철거되었다. 그러나 일부 기계는 보존되어 현재 김
해시 성냥전시관에 전시 중이다. 성냥개비 정리 기계, 성냥갑 인
쇄 종이 절단 기계, 사각통 성냥갑 제작 기계, 성냥갑에 성냥 넣는
기계……

의성의 성광성냥 공장은 8년째 가동이 중단되었지만 공장 건물
과 기계 등이 비교적 온전하게 남아 있다. 건물 13개 동, 기계(20여
대)와 설비 190여 건. 대단한 규모다. 그동안 건물과 기계를 보존하

고 되살려 성광성냥을 기억하기 위한 박물관 및 체험 공간으로 조성하자는 의견도 많았다. 그러나 예산 확보 문제로 진척이 없었다. 자칫 공장 건물이 사라질지 모른다는 우려가 나오기도 했다. 다행스럽게 2020년 성광성냥 공장이 정부의 유휴공간문화재생사업 대상지로 선정되면서 예산 확보에 숨통이 트이게 됐다. 성광성냥 공장은 2025년까지 복합문화공간으로 변신을 시도하게 된다.

지금은 성냥을 거의 사용하지 않지만 성냥은 우리의 근대 일상에서 지극히 실용적이면서도 낭만적이고 상징적인 존재였다. 성광성냥의 옛 공장에서 그 흔적을 다시 한번 느껴볼 수 있길 기대한다.

포천 아트밸리와 채석장

경기 포천시 천주산은 아름다운 산이다. 그곳 한 자락에 아트밸리 Art Valley가 있다. 깎아지를 듯 좌우로 우뚝 솟은 암벽, 그 사이로 쫙 펼쳐진 푸른 호수. 이를 배경으로 공연과 전시가 펼쳐진다.

이곳은 원래 채석장이었다. 화강암 채석이 시작된 것은 1960년대. 국토 개발과 함께 토목건축 사업이 활발해지던 때였다. 산업 자재로서 화강암의 수요가 늘어나자 아름답던 천주산 자락의 화강암을 잘라내기 시작했다.

포천의 화강암(포천석)은 우리나라 3대 화강암의 하나로 꼽힐 정도로 인기가 높았다. 빛깔이 밝고 화강암 고유의 무늬가 아름다운데다 재질이 단단하기 때문이다. 청와대, 국회의사당, 세종문화회관, 대법원, 경찰청, 인천공항, 복원된 청계천 등 곳곳에 포천석이

채석을 중단한 채석장을 문화예술공간으로 되살린 경기도 포천의 아트밸리

사용되었다. 외화 획득을 위해 해외로 수출하기도 했다.

30년 넘게 채석을 하면서 포천석은 인기를 누렸지만 천주산은 황폐해졌다. 산 중간이 잘려 나가 암벽이 노출되어 경관이 망가졌다. 양질의 화강암이 더 이상 생산되지 않자 2002년 채석을 중단했다. 천주산 채석장은 한동안 방치되다 포천시의 노력에 의해 2009년 문화예술공간 아트밸리로 다시 태어났다. 산업유산인 폐채석장

포천 아트밸리의 공연 무대

의 변신은 매우 드문 일이다.

잘려 나간 바위산은 세월의 풍화로 인해 오히려 독특하고 멋진 풍광을 연출한다. 채석 작업으로 깊게 파인 땅은 지하수가 차면서 자연스레 초록빛 호수(수심 20미터)로 변했다. 야간 조명을 받으면 더욱 환상적이다. 인간이 파괴한 자연이 우리에게 멋진 예술적 감응을 전해준다는 것은 역설적인 상황이 아닐 수 없다.

화강암과 채석장은 우리에게 친숙하다. 화가 박수근은 강원 양구에서 태어났지만 1950~1960년대 서울 창신동에서 주로 작품 활동을 했다. 당시 창신동엔 채석장이 있었다. 박수근은 늘 채석장의 화강암을 보았고, 그 덕분에 바위의 질감을 화면에 구현할 수 있었다. 1960년대 시인 김광섭은 그의 시 「성북동 비둘기」에서 "채석장 포성"에 놀라 밀려난 비둘기의 아픔을 노래했다.

채석장은 산업화 시대 우리의 흔적 가운데 하나다. 포천 아트밸리에서 그 흔적을 만날 수 있다는 건 다행스러운 일이다. 하지만 아쉬움도 있다. 아트밸리 진입로 상공에 설치한 모노레일이다. 환경이 파괴된 지역을 문화예술공간으로 되살리면서 굳이 인공의 모노레일을 설치할 필요가 있었을까. 상처를 딛고 새로운 문화 경관으로 다시 태어난 천주산 채석장. 모노레일이 그 경관을 막아서는 것같아 아쉬움이 남는다.

금성 라디오와 소리의 상상력

앞서 이야기했듯이 강원 영월군에 가면 라디오스타 박물관이 있다. 영화 〈라디오 스타〉(2006년 개봉)의 촬영 무대였던 옛 KBS 영월 방송국을 박물관으로 바꾼 것이다. 영화뿐만 아니라 라디오를 추억하기 위한 공간이다. 다양한 라디오들이 전시되어 있고, 직접 DJ가 되어 라디오 방송을 진행해볼 수도 있다.

우리나라에서 라디오 방송이 시작된 것은 1927년. 일제가 서울 정동에 최초의 라디오 방송국인 경성방송국을 설립하면서부터다. 라디오 방송은 1960~1970년대에 전성시대를 구가했다. TV가 귀했던 시절, 온 가족이 한데 모여 열심히 라디오 드라마를 들었고 성우라는 직업은 선망의 대상이었다. 홍수환·유제두의 프로권투나 김재한·차범근의 축구, 인기 절정의 고교 야구도 대부분 라디오로 들었다. 한 장면 한 장면을 머릿속으로 그리면서 세상과 만났고, 한편에서는 라디오 심야 음악 프로그램이 큰 인기를 누렸다.

라디오의 흥행에는 국산 라디오가 중요한 계기가 되었다. 1959년 금성사는 처음으로 국산 라디오 생산에 성공했다. 부품 국산화율 60퍼센트. 모델명은 '금성 A-501'. 5개의 진공관과 5인치 스피커를 장착한 최초의 진공관식 라디오였다. 가로로 길쭉한 모양에 네 발이 달렸고, 앞면엔 금성사 심벌과 함께 붉은색으로 'Two Band Super Heterodyne' 문구를 디자인해 넣었다. 지금 보면 투박하지만 당시로서는 세련된 디자인이었다. 우리나라 산업디자인의 시발점으로 평가받으며 훗날 국산 라디오 디자인의 모델이 되었다.

1990년대 이후 영상 매체의 득세에 라디오는 주류에서 밀려났다. 사라질 듯했던 라디오였지만 라디오는 지금도 도처에서 우리

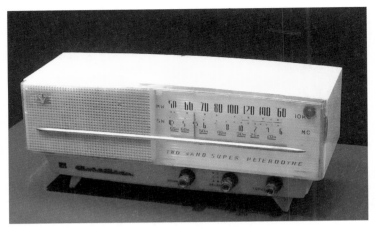

1959년에 생산된 첫 국산 라디오 '금성 A-501'

와 만나고 있다. 유명 방송사의 라디오 방송은 물론이고 지역별 마
을 방송, 라디오 카페가 성업 중이다. 여름 피서철, 유명 해수욕장
에서 라디오 방송을 진행하기도 한다. 옛날 스타일의 라디오 기기
는 사라졌지만 라디오 문화는 여전한 셈이다. 게다가 최근엔 레트
로 열풍에 힘입어 옛날 라디오 모습을 되살린 라디오나 스피커들
이 인기를 끌기도 한다.

　라디오 하나로 온 세상을 꿈꾸었던 시절. 그 흔적 가운데 하나
가 첫 국산 라디오 '금성 A-501'이다. 지금 서울 대한민국역사박물
관에 있는 이 라디오는 보면 볼수록 매력적이다. 라디오 자체의 고
풍스러움뿐만 아니라 사람들의 숱한 애환이 들려오는 듯하다. 이
참에 이런 욕심도 내본다. 1959년의 금성 라디오의 소리까지 복원
해 들어볼 수는 없을까.

4. 일상의 애환

강화도 소창과 기저귀의 추억

그런 시절이 있었다. 마당이나 옥상 빨랫줄에 기저귀들이 줄지어 펄럭이던 시절. 그 기저귀들을 보면서 뽀얀 생명력을 느끼곤 했었는데……. 지금은 아이도 적게 낳고 그나마 기저귀도 대부분 일회용을 쓰기 때문에 이런 풍경을 만나기는 어려워졌다.

천 기저귀는 소창 면직물로 만든다. 소창은 기저귀뿐만 아니라 행주, 이불솜 싸개 등으로 많이 사용되었다. 우리 일상에 매우 친숙했던 옷감이었지만 지금은 소창 자체도 잊혀져 가고 있다.

그런데 인천 강화군에 가면 지금도 소창을 생산한다. 비록 가내공업이지만, 아홉 곳에서 직조기가 돌아간다. 현재 소비되는 소창의 대부분은 강화산이다.

20세기 전반 강화는 직물의 도시였다. 1916년 강화에 직물조합이 결성되면서 소창과 비단 등을 본격적으로 생산하기 시작했다.

규모는 줄었지만 100년째 쉼 없이 돌아가고 있는 강화의 소창 직조기

이 덕분에 강화는 풍족했다. 1932년에 전화가 개통됐고 1934년에
전기까지 들어왔다. 시골에서는 놀라운 일이었다.

강화의 직물 산업은 1960~1970년대까지 전성기를 구가했다.
1960년대 가정집에서 손발로 천을 짜는 수직기手織機가 5,000여 대,
직물 공장의 역직기力織機가 1,000여 대였다고 한다. 두 집 건너 한
집에서 소창을 짰을 정도였다는 말도 있다. 직물 공장 종업원이 강
화읍에만 4,000여 명이었고 '강화 비단'이라는 말이 나올 정도였
다. 소창은 짜기만 하면 날개 돋친 듯 팔려 나갔다. 덕분에 강화 사
람들의 삶은 부유했다.

그러나 대구를 중심으로 현대식 섬유 공장이 들어서고 인조 직

물이 등장하면서 강화 직물은 쇠퇴하기 시작했다. 사람도 떠났다. 게다가 소창의 소비까지 줄었다.

〈백년의 유산〉(2013년 상영)이라는 TV 드라마가 있었다. 3대째 국숫집을 운영하는 가족들의 이야기를 다룬 드라마다. 그 드라마를 찍은 곳은 강화의 조양견직 공장 터였다. 바로 소창을 생산했던 곳이다. 1933년에 지어진 공장 건물들은 오랫동안 폐가처럼 방치되었다. 강화 소창 100년의 부침을 극명하게 보여주는 듯했다. 그러다 2018년 이 공장 건물들은 카페로 바뀌어 강화도의 인기 장소로 자리 잡았다.

소창은 사람들의 머릿속에서 잊혀지고 있지만, 그래도 강화에선 지금도 소창을 생산한다. 비록 아홉 곳의 소규모 가내공업 수준이지만, 서울의 동대문시장으로 팔려 나가기도 하고 직접 주문을 받아 생산하기도 한다. 특히 직조기로 직접 만드는 곳은 우리나라에서 강화 지역뿐이다. 몇 년이 지나고 세대가 바뀌면 그것마저도 완전히 단절될지 모른다.

소창의 생산과 소비는 줄고 있지만 강화 소창을 기억하자는 움직임도 있다. 이에 힘입어 강화에 소창 체험관도 생겼다. 옛 평화직물의 공장 건물과 근대 한옥을 강화 소창의 체험관으로 꾸민 것이다. 이참에 가내공업도 잘 유지하고, 소창의 부가가치를 높여 다양한 상품으로 개발하는 일이 계속 순항했으면 좋겠다.

규모는 줄었지만 강화에서는 100년째 쉼 없이 소창 짜는 기계가 돌아간다. 놀라운 일이고 감사한 일이다. 강화의 골목을 가득 채웠던 그 기계 소리를 되새겨본다.

고풍스러운 분위기의 태극당 입구 간판

장충동 태극당과 빵집의 힘

그곳, 문을 열고 들어서면 정면에 '태극식빵' 홍보 안내 문구가 커다랗게 붙어 있다. 적당히 촌스럽고 적당히 정감이 가는 디자인이다. 카운터에 떡하니 놓여 있는 나무 안내판엔 세금 성실 납부 문구가 적혀 있다. 오래되어 칠이 벗겨지고 글씨는 더러 희미하다. 구석진 곳 한쪽 벽체엔 고장 난 두꺼비집(누전 차단기)이 눈에 들어온다.

서울 장충동에 있는 태극당. 1946년에 생겼으니 서울에서 가장 오래된 빵집이다. 애초엔 서울 명동에 생겼는데 1973년 새 건물을 짓고 지금의 자리로 옮겼다. 건물은 외관부터 고풍스럽다. 거기 예서체 한자로 붙어 있는 '菓子 中의 菓子 太極堂'이란 간판이 우선 이색적이다.

태극당은 2016년 건물을 리노베이션했다. 흥미롭게도 외관뿐

서울에서 가장 오래된 빵집 태극당은 빵집을 넘어 생활사 박물관 같은 느낌을 준다.

만 아니라 내부 곳곳에 과거의 흔적을 잘 살렸다. 한쪽 벽엔 거북선 전투와 축산 농장 모습을 표현한 대형 부조^{浮彫} 두 점이 붙어 있다. 카운터 나무 안내판에는 '납세로 국력을 키우자, 계산을 정확히 합시다'라고 쓰여 있다. 그야말로 1970년대식 구호다. 바로 옆 기둥에도 '납세는 국력, 꼭 받아 가세요 영수증을'이라는 문구가 여전히 붙어 있다.

리노베이션을 하면서 주방이 있던 곳은 고객들의 공간으로 만들었다. 타일과 벽돌을 옛것 그대로 살렸고, 고장 난 전기 스위치와 두꺼비집도 그대로 두었다. 2층으로 올라가는 계단 옆에는 옛 전기 배전판이 벽에 붙어 있다. 한쪽에는 1973년부터 태극당이 우리나라에서 처음 사용했던 금전등록기가 전시되어 있다. 이것을 통해 손님들에게 영수증을 발행해준 것이다.

태극당에는 구석구석 옛것들이 숨어 있다. 인테리어 하나하나는 모두 근대의 풍경이다. 빵집을 넘어 하나의 생활사 박물관 같은 느낌이라고 할까.

우리 주변에는 오래된 빵집들이 있다. 1945년에 생긴 전북 군산의 이성당, 1956년에 생긴 대전의 성심당, 1957년 문을 연 대구 삼송빵집, 1959년에 생긴 부산의 백구당⋯⋯. 이 빵집에서 사람들은 빵을 사기 위해 기꺼이 줄을 선다. 그들은 빵만 사는 것이 아니라 거기 담긴 역사와 스토리를 함께 느끼려는 것이다. 성심당은 2016년 대전의 옛 충남도지사 공관에서 성심당의 역사를 보여주는 전시회를 열기도 했다. 누군가는 빵을 먹으러 빵집에 가지만, 누군가는 오래된 분위기를 즐기기 위해 태극당에 간다. 태극당 계단 한쪽엔 이렇게 적혀 있다. '많은 것이 바뀌었지만 아무것도 바꾸지 않았습니다.'

충무로 인쇄 골목과 노가리, 골뱅이

우리가 일상에서 가장 자주 접하는 건 무얼까. 아마도 스마트폰일 것이다. 하지만 그 못지않게 늘 만나는 것이 있다. 치킨 배달 전단지, 피자 배달 상자, 우편물 봉투, 택배 상자와 거기 붙이는 스티커, 행사 포스터, 명함⋯⋯. 모두 인쇄물이다. 첨단 디지털 시대라지만 종이 인쇄물은 여전히 빼놓을 수 없는 필수품이라는 사실을 잘 보여준다.

그런 인쇄물을 가장 많이 쏟아내는 곳이 있다. 서울 충무로 인쇄 골목. 행정구역으로 치면 충무로, 을지로, 인현동, 필동 일대다. 인쇄 관련 업체 5,000여 곳에 1만 5,000여 명이 일하고 있다. 서울 지역 인쇄업의 67퍼센트, 전국의 30퍼센트를 차지할 정도다.

이곳에서의 근대적 인쇄는 일제강점기 때 시작되었다. 1910년 대 경성고등연예관, 경성극장, 낭화관, 중앙관 등의 영화관이 을지로에 등장하면서 영화 전단지를 찍기 위한 인쇄소들이 생겨났다. 6·25 전쟁 이후부터 1960년대에 충무로로 확산되어 인쇄 골목의 모습을 갖춰나갔다. 1980년대, 장교동 등지의 인쇄업체 500여 곳이 충무로로 옮겨 오면서 인쇄업은 성황을 이뤘다. 1980년대 후반~1990년대 중반은 충무로의 전성기였다. 특히 1987년 민주화 이후 각종 선거가 급증하면서 선거 특수를 톡톡히 누렸다. 충무로에서는 단순히 종이 인쇄만 하는 게 아니다. 디자인, 편집은 물론이고 코팅, 금박, 스티커, 제본 등 인쇄의 전 과정이 동시에 이뤄진다.

좁은 인쇄 골목은 늘 분주하다. 종이와 인쇄물을 실은 오토바이와 지게차, 삼발이가 열심히 오가고 오래된 건물 안에서는 인쇄 기계가 부지런히 돌아간다. 저녁이 되면 이곳 사람들은 삼겹살을 구우며 종이 가루와 잉크 냄새에 지친 목을 달랜다. 노가리와 골뱅이를 안주 삼아 피로를 풀기도 한다. 인근 노가리 골목과 골뱅이 골목은 인쇄 골목과 동고동락해왔다.

그러나 이제 인쇄 골목 분위기는 예전 같지 않다. 임대료는 올라가고 미관상 철거 재개발 얘기도 나온다. 경기 파주나 서울 성수동 등지로 빠져나가는 사람도 적지 않다. 그렇다면 10년, 20년 뒤 이곳은 어떻게 되어 있을까. 재개발로 인쇄 골목이 모두 사라지는

서울 충무로의 인쇄 골목

건 아닐까. 수백 년을 이어온 서울 청진동과 피맛길을 흔적도 없이 없애버리고 무지막지한 고층 빌딩을 세운 것을 보면, 이런 걱정을 하지 않을 수 없다.

2016년 서울역사박물관에서 기획전 〈세상을 찍어내는 인쇄 골목, 인현동〉이 열린 적이 있다. 전시에 등장했던 문구처럼 충무로는 '수십 년간 우리 삶을 인쇄해온 골목'이다. 이 골목이 청진동, 피맛길과 같은 운명에 처하지 않았으면 좋겠다. 그것이 인쇄 골목의 역사에 대한 예우가 아닐까.

뚝섬 정수장, 수돗물과 물장수의 명암

물장수가 있었다. 19세기 서울에서 각 가정에 물을 배달해주던 사람들. 특히 함경도 북청 사람이 많아 북청 물장수라는 말까지 성행했다. 북청 사람들은 물 판 돈으로 자식의 유학비를 댄 것으로 유명하다. 모두 상수도 수돗물이 보급되기 전의 얘기다.

1908년 서울 뚝섬(지금의 서울 성동구 성수동)에 경성수도양수공장이 생겼다. 침전지, 여과지, 정수지, 송수실 등을 갖춘 우리나라 최초의 상수도 시설이었다. 건물을 짓고 시설을 마련하는 일은 미국인들이 맡았다. 뚝섬은 한강 유역에서 수질오염이 가장 적고 유량이 풍부했다. 수돗물 공급용 증기 터빈을 돌리는 데 필요한 땔나무와 숯도 많은 곳이었다.

그해 9월, 드디어 서울에 수돗물이 등장했다. 4대문 안과 용산일대 시민 12만 5,000명에게 수돗물을 공급하기 시작한 것이다. 이곳에서의 수돗물 공급은 1990년까지 이어졌다.

뚝섬의 옛 정수장과 양수 공장은 현재 수도박물관으로 바뀌었다. 야외에는 1900년대부터 1990년대까지 사용했던 각종 펌프, 수도관 등을 전시하고 있다. 먼저 눈에 들어오는 것은 송수실. 붉은 벽돌로 지은 이 건물은 아치 모양의 화강석 입구가 두드러진다. 입구 좌우로 '경성수도양수공장', '광무 11년 건축'이라는 표석이 지금도 선명하다.

완속 여과지瀘過池도 인상적이다. 모래와 자갈 등을 깔고 이곳으로 물이 느린 속도로 흘러가도록 해 물속의 불순물을 걸러내는 곳이다. 이 여과지는 우리나라에서 가장 오래된 근대 콘크리트 건물

우리나라 최초의 상수도 시설인 서울 성수동 뚝섬의 여과지

가운데 하나다. 특히 출입구와 내부의 조형미가 독특하다. 내부는 마치 하나의 설치미술처럼 수십 개의 기둥이 아치형 천장으로 연결되어 있다. 그 아래 바닥에 모래와 자갈 등이 깔려 있다. 천장으로 뒤덮인 여과지의 내부는 어두컴컴하다. 실제로 물이 흐른다면 수많은 기둥들이 물에 비쳐 흔들릴 것이고 그 모습은 장관을 연출했을 것 같다. 송수실과 여과지는 지금 기능이 중단되었지만 1908년 당시로서는 서울 한강 변의 신기한 볼거리였다.

　서울에 수돗물이 등장하면서 물장수는 사라졌다. 1914년경 급격히 줄어들기 시작해 6·25전쟁 직전 거의 자취를 감추었다. 근대

상수도의 발상지인 뚝섬 정수장. 이곳 수도박물관 전시실에 들어
서면 북청 물장수의 외침이 먼저 들려온다. 물장수를 밀어낸 근대
양수장에서 물장수의 외침을 들을 수 있다니, 색다른 경험이 아닐
수 없다.

공세리 성당과 이명래 고약

우리나라에서 가장 아름다운 성당으로 불리는 곳, 〈태극기 휘날리
며〉(2004년 개봉), 〈사랑과 야망〉(1987년 방송), 〈아내가 돌아왔다〉(2009
년 방송) 등 70여 편의 영화와 드라마를 촬영한 곳.

　　바다에 인접한 내포內浦 땅, 충남 아산시에 가면 공세리 성당이
있다. 내포는 한국 천주교의 요람으로 불린다. 이에 걸맞게 공세리
성당의 역사도 19세기 말로 거슬러 올라간다. 1890년 공세리에 공
소(신부가 상주하기 전 단계의 소규모 천주교회)가 생겼고 1895년 프랑스인
에밀리오 드비즈 신부(한국 이름 성일론)가 부임했다. 그는 1897년 한
옥 성당을 신축했고 이어 1922년 직접 설계해 지금의 공세리 성당
을 지었다.

　　고딕과 로마네스크 양식이 혼합된 공세리 성당은 우아하면서
단정하다. 그런데 언뜻 보면 근대기에 지어진 다른 성당과 그 모습
이 비슷하다. 그렇다면, 이 성당이 가장 아름다운 성당으로 꼽히는
이유는 뭘까. 건물의 외관도 외관이지만 가장 매력적인 것은 주변
경관과의 조화다. 수령 350여 년의 느티나무를 비롯해 건물 주변
엔 고목이 여럿이다. 그 고목과 서양식 건축물의 조화가 압권이다.

우리나라에서 가장 아름다운 성당으로 꼽히는 충남 아산의 공세리 성당

1980년대까지 필수 가정상비약 1호로 불린 이명래 고약

성당 마당엔 순교자 32위의 넋을 기리는 공간도 있다. 순교의 흔적
이 찾는 이를 숙연하게 한다.

　이 성당엔 빼놓을 수 없는 일화가 있다. 1900년 전후, 아산 지
역엔 종기로 고생하는 사람이 많았다. 그 모습을 안타까워한 드비
즈 신부는 나름대로의 의약 지식을 활용해 종기 퇴치 약을 만들
어 마을 사람들에게 나누어주었다. 신통하게 종기는 곧 나았고 화
제가 되었다. 당시 공세리 성당에서 심부름 일을 하던 10대 소년
이명래李明來가 있었다. 원래 서울에 살면서 명동성당에 나가던 소
년은 가족과 함께 공세리로 내려와 생활하던 참이었다. 소년은 성
실했고 그 덕분에 드비즈 신부로부터 고약 조제법과 치료법을 배
웠다. 그러곤 1906년 종기를 치료하는 고약을 만들 수 있게 되었

고 이에 힘입어 아산에 명래한의원을 개업했다. 한 시대를 풍미한 '이명래 고약'은 공세리 성당에서 그렇게 탄생했다.

이명래는 1920년 서울로 가서 숭례문 근처 만리재, 중림동에서 이명래 고약집을 차렸다. 이명래 고약은 대히트를 쳤다. 이명래 고약은 "불후의 명약"으로 불리며 1980년대까지 필수 가정상비약 1호로 군림했다. 또한 동화약품의 활명수, 조선무약합자회사의 우황청심환과 함께 "3대 근대 전통 의약품"이란 칭송도 받았다.

공세리 성당 한편에는 박물관을 조성해놓았다. 예쁜 사제관 건물을 박물관으로 바꾼 것이다. 이 박물관엔 성당과 순교의 역사, 성당 건축 과정, 이명래 고약 등에 관한 자료를 전시하고 있다. 이곳에서 촬영한 영화, 드라마 가운데 대표작의 관련 영상도 볼 수 있어 흥미롭다.

공세리 성당은 언제 가도 아름답다. 뜨거운 여름 태양에 빛나는 붉은 벽돌도 좋고 성당 건물 외벽에 드리운 고목의 그림자도 좋다. 비가 오면 비가 오는 대로, 눈이 오면 눈이 오는 대로 참 단정하고 반듯한 곳이다.

아산 온양온천과 최불암의 신혼여행

1970년 6월, 한 신문에 이런 기사가 났다. "탤런트 최불암 김민자 부부가 며칠 전 결혼식을 올리고 온양온천으로 신혼여행을 떠났답니다." 그때 온양온천은 최고 인기의 신혼여행지였다.

충남 아산시 온양온천. 조선 시대에 이미 왕들이 즐겨 찾았던 곳이다. 왕실은 여기 행궁行宮을 짓고 휴양 치료와 집무 공간으로 사용했다. 태조, 세종, 세조, 현종, 숙종, 영조와 사도세자가 온양온천을 찾았다. 신비한 물이 솟아나 신정神井이라 부르기도 했다.

온양 행궁은 1900년대 초 일본인에게 넘어갔다. 일본인이 운영하는 온양온천주식회사는 행궁 건물을 대부분 파괴하고 일본식 온천 건물 온양관溫陽館을 지었다. 1926년엔 경남철도가 온양관을 인수했다. 1922년 천안~온양 사이 충남선(훗날의 장항선)을 개설한 바 있는 경남철도는 이곳을 온천 유원지로 바꾸기 시작했다. 1928년 객실, 대욕장, 대연회실, 식당, 오락실, 정원, 연못, 테니스장을 갖춘 신정관神井館이 문을 열었다.

온양온천은 이렇게 왕들의 치료·통치 공간에서 대중의 소비 유흥 공간으로 바뀌어갔다. 충남선 열차를 타고 많은 사람들이 온양온천으로 몰렸다. 1930년 '조선 명승지 추천 투표'에서 온양온천은 전국 2위를 차지했다. 이때부터 신혼여행지로도 인기를 끌었다.

6·25전쟁 때 신정관이 불에 타버리자 신혼부부들의 발길이 주춤해졌다. 정부는 1956년 신정관 자리에 현대식 온양철도호텔을 세웠다. 신혼부부들이 다시 모여들었다. 1960년엔 장항선 서울~온양온천 구간 열차에 신혼부부를 위한 '허니문 트레인' 한 량을 증설했다. 좌석을 28석으로 줄여 널찍하게 공간을 확보하고 두 좌석 사이에 테이블을 설치했다. 파격이 아닐 수 없었다. 신혼여행지로서의 명성은 1980년대 초까지 계속되었다.

이후 온양온천을 찾는 사람들이 줄어들었다. 그러던 중 2008년 수도권 전철이 온양온천까지 확장되면서 온천객이 다시 늘어났다.

1980년대 초까지만 해도 온양온천은 신혼여행지로 인기를 끌었다.

나이 지긋한 사람들은 온양온천역에 내려 바로 앞 족욕탕에 들어가 발을 담그곤 "여기로 신혼여행 참 많이 왔었지."라고 말한다.

온양온천의 중심은 행궁 자리다. 온양 행궁은 왕이 머물고 치료를 하면서 통치를 했던 특별하고 의미 있는 공간이다. 그런데 20세기 일제강점기를 거치면서 담장 일부를 제외하곤 건물이 거의 모두 사라지고 말았다. 온양관, 신정관, 온양철도호텔을 거쳐 지금은 온양관광호텔이 들어서 있다.

온양관광호텔 앞마당에 사도세자를 기리는 영괴대靈槐臺 석비만 남아 있을 뿐이다. 사도세자가 치료를 위해 온양 행궁을 방문한 것은 1760년. 행궁에 머무르던 사도세자는 담장 아래에 사대射臺를 만들어놓고 활쏘기를 즐겼다. 훗날 정조는 1795년 이를 기리는 내용으로 직접 글씨를 써서 영괴대 석비를 조성하도록 했다. 여기서 괴槐는 홰나무를 뜻한다.

사도세자의 온양 행궁 방문을 기려 정조가 친필로 써서 만들게 한 영괴대 석비

이제, 호텔 주변 행궁의 흔적에 대해 진지하게 고민해야 할 때다. 행궁 복원을 적극 검토해야 한다는 움직임도 있다. 그러나 온양 원도심 재개발을 추진하려는 시민들과의 갈등도 엄연히 존재한다. 물론 현재 상황에서 전부를 되살린다는 것은 거의 불가능하다. 여러 어려움이 있지만 그럼에도 왕실 온천의 흔적, 일제강점기의 상흔, 신혼여행의 낭만을 함께 기억할 수 있도록 창의적인 고민이 계속되었으면 한다.

진천 덕산양조장과 술 익는 마을

측백나무와 향나무 10여 그루가 늘씬하게 줄지어 서 있고 그 뒤로 단층 합각 지붕의 목조 건축물이 당당하게 버티고 있다. 거무스름한 널빤지 외벽, 오래되어 여기저기 휘어진 오르내리창, 삐걱 소리가 날 것만 같은 출입문, 처마 밑에 멋스럽게 걸려 있는 양조장 나무 간판. 문을 열고 들어서니 높게 트인 천장이 확 펼쳐지고, 그 아래로 시큼한 듯 술 익는 냄새가 밀려온다.

1930년 지어진 충북 진천군 덕산면 덕산양조장. 이곳에선 1대 창업주 이장범부터 3대에 걸쳐 약주와 막걸리(탁주)를 빚어왔다. 오랜 세월 외길을 걸어오면서 고비는 많았다. 6·25전쟁 때에는 건물이 사라질 뻔했고, 막걸리 수요가 줄면서 1990년부터 10년 동안은 양조장 문을 닫아야 했다. 2000년부터 덕산막걸리가 부흥했지만 2014년 또 한 차례 경영 위기가 닥쳤고 2015년부터는 전문 경영인이 양조장을 운영하고 있다. 일단 3대에서 기업으로서의 대가 끊긴

충남 진천군 덕산면의 덕산양조장 전경

것이다. 하지만 전통 제조 기술을 그대로 유지하면서 술을 빚는 것
만은 변하지 않았다.

　이 건물은 양조장의 전형으로 평가받는다. 나무 널판으로 마감
해 건물은 통풍이 잘된다. 환기와 열 배출을 위해 천장 높은 곳에
창을 두었고, 온습도 조절을 위해 벽체와 천장에 왕겨를 두툼하게
채웠다. 최근 보수 과정에서 확인해보니 왕겨는 전혀 상하지 않은
상태였다. 1930년에 심은 정문 앞 측백나무와 향나무들은 햇빛을
막아주면서 동시에 특유의 향으로 유해균의 번식을 억제한다. 더
욱 놀라운 건 양조장 건물에 사용된 목재가 백두산의 삼나무, 전나
무라는 사실. 당시 압록강 제재소에서 나무를 켠 뒤 수로를 이용해
두 달에 걸쳐 이곳으로 운반해 왔다. 이 나무들은 지금도 갈라짐 하
나 없이 생생한 모습이다.

덕산양조장 내부에 전시 중인 오래된 술항아리

이곳은 TV 드라마 〈대추나무 사랑 걸렸네〉의 촬영 장소이기도
했고 허영만의 만화 『식객』의 모델이기도 했다. 이런 역사까지 담
아 양조장 내부에 아담한 전시실을 마련했다. 100년 가까이 된 술
독, 1970년대에 사용했던 하얀 플라스틱 말통을 비롯해 깔때기, 체,
간이 증류기 등을 만날 수 있다.

덕산양조장은 술 익는 마을 덕산 주민들의 오래된 자부심이다.
우리에게 양조장은 참으로 각별한 공간이기 때문이다. 20세기 일
상에서 양조장만큼 삶의 애환이 깃든 공간도 드물 것이다. 양조장
이 등장한 것은 일제강점기 때인 20세기 초였다. 조선 시대엔 집에
서 술을 빚었으나 1909년 주세법과 1916년 주세령의 시행으로 가
양주家釀酒가 금지되었다. 모든 술은 허가받은 양조장에서 생산해야
했다. 그렇게 양조장은 우리의 일상이 되었다. 1970~1980년대 읍

이나 면 단위의 중심 지역엔 어김없이 양조장이 한두 개씩 있었다.

이런저런 부침이 있었으나 양조장은 여전히 우리 곁에 있다. 2019년 국립민속박물관의 조사에 따르면, 전국의 막걸리 양조장은 660여 곳. 여기에 수제 맥주, 와인, 전통주의 양조장도 있으니 그 숫자는 훨씬 늘어날 것이다. 하지만 양조장의 상황이나 분위기는 천차만별이다. 덕산양조장과 지평양조장(경기 양평군)처럼 100년 역사를 꿋꿋이 이어가는 양조장도 있고 갓 태어난 양조장도 있다. 체험 기회를 제공하는 양조장도 있고 전시 공간을 갖춘 양조장도 있다. 물론, 문을 닫는 양조장도 있고 폐허가 된 양조장도 있다.

최근의 막걸리 열풍, 수제맥주 열풍은 양조장에 대한 관심을 불러일으켰다. 100년 넘게 막걸리를 생산하다 2018년 폐업한 경북 영양군의 영양양조장은 최근 재기를 꿈꾸고 있다. 영양군은 이곳에서 막걸리를 다시 빚고 동시에 생활문화공간으로 꾸미려는 방안을 추진 중이다. 반가운 소식이 아닐 수 없다.

일본 가가와香川현의 작은 마을 고토히라琴平에는 그 지역을 대표하는 긴료金陵양조장이 있다. 그 역사가 무려 200여 년에 이른다. 지금도 술을 제조하고 있으며 양조장 공간 일부를 박물관으로 꾸며놓았다. 박물관에 들어서면 그 양조장의 자부심이 느껴진다. 부러운 일이다. 덕산양조장, 지평양조장, 영양양조장……. 우리에게도 200년 역사의 양조장이 이어지길 기대해본다.

진해우체국과 그리운 편지

매년 봄, 군항제가 열리는 경남 창원시 진해구 중원 로터리. 고즈넉한 그 한편에 오래된 우체국이 있다. 1912년 지어진 러시아풍 목조 건물 진해우체국. 현존하는 우리나라 우체국 가운데 가장 오래되었다. 영화 〈클래식〉(2002년 개봉)에서 손예진이 전보를 부치던 곳이기도 하다.

진해우체국은 흰색 톤에 올리브색, 노란색이 어우러져 단정하고 깨끗하다. 배흘림 기둥이 우뚝 솟고 그 위로 아치가 올라간 정문은 특히 매력적이다. 가까운 진해탑 높은 곳에서 내려다보면 더욱 좋다. 한 마리 새가 날개를 펼친 듯, 뽀얀 건물은 로터리 주변으로 펼쳐진 방사형 가로와 참 잘 어울린다.

중원 로터리 주변엔 근대의 흔적들이 즐비하다. 일제강점기 때 건물들이 모여 있는 장옥長屋거리, 1912년 지어져 1950년대부터 다방과 문화공간으로 이어져 온 '흑백', 1930년대 지어진 중국풍의 6각 뾰족집 수양회관, 6·25전쟁 때부터 영업해온 중화요릿집 원해루元海樓, 백범白凡 김구金九의 친필 시비……. 그 흔적들의 핵심은 진해우체국이다.

우체국은 그리움과 낭만의 공간이다. 요즘에는 편지를 많이 쓰지 않지만 그래도 편지는 늘 누군가의 가슴을 설레게 한다. 진해우체국 앞에 서면 유치환柳致環의 시 「행복」이 떠오른다.

사랑하는 것은

사랑받느니보다 행복하나니라

오늘도 나는

경남 창원의 진해우체국. 현존하는 우리나라 우체국 가운데 가장 오래되었다.

에메랄드빛 하늘이 환히 내다뵈는
우체국 창문 앞에 와서 너에게 편지를 쓴다

행길을 향한 문으로 숱한 사람들이
제각기 한 가지씩 생각에 족한 얼굴로 와선
총총히 우표를 사고 전보지를 받고
먼 고향으로 또는 그리운 사람께로
슬프고 즐겁고 다정한 사연들을 보내나니

아쉽게도, 진해우체국 건물에선 현재 우체국 업무를 보지 않는다. 우체국 업무는 바로 옆 새로 지은 건물에서 이뤄진다. 군항제가 열릴 때엔 일시 개방하지만 평소엔 문이 닫혀 있다. 110년 된 우체국의 내부를 느껴보고 싶은데, 그럴 수 없다니 아쉬운 일이다. 시민들과 함께 좀 더 적극적으로 활용 방안을 강구해보면 좋을 것 같다. 우체국 정문에 이런저런 안내문을 붙일 필요도 없다. 우편 업무를 보지 않는다는 안내문, 폐쇄회로 TV^{CCTV} 설치 안내문 등 굳이 필요하지도 않은 안내판들 때문에 정문은 어수선하다. 우체국의 고풍스러움을 훼손하고 감상을 방해한다.

우선, 진해우체국 정문 앞에 빨간 우체통을 하나 세워놓았으면 좋겠다. 사람들이 직접 그리움을 부칠 수 있도록 말이다. 우체국 주변은 온통 벚나무다. 벚꽃이 분분히 날리는 화사한 봄날, 진해우체국 빨간 우체통에 편지를 부치는 모습을 머릿속으로 그려본다. 생각만 해도 기분 좋은 일이다.

강경의 갑문과 젓갈 시장

명란젓, 새우젓, 조개젓, 낙지젓, 갈치속젓, 아가미젓, 창난젓, 황석어젓, 꼴뚜기젓, 밴댕이젓, 토하젓……. 충남 논산시의 강경 포구에 가면 지천이 젓갈이다. 이곳에서 식사 때 나오는 조기도 염장鹽藏한 것이다.

강경은 젓갈의 고장이다. 예로부터 서해 밀물이 금강을 따라 강경 포구까지 내륙 깊숙이 밀려 올라오고 이를 따라 각종 해산물과 교역물이 들어왔다. 해산물들은 전국 곳곳으로 공급되었다. 사람들이 몰려들었고 포구는 번성했다. 1920~1930년대는 강경의 전성기였다. 이후 50년 가까이 성어기에는 하루 100여 척의 배들이 포구에 들어와 산더미처럼 생선을 쏟아냈다. 매일 2만~3만 명씩 상인들이 몰렸다. 그 덕분에 강경은 광복 전후까지 평양, 대구와 함께 전국 3대 시장으로 꼽혔다.

핵심은 젓갈이다. 팔고 남은 생선을 오랫동안 보관해야 했고 자연스레 염장법鹽藏法과 수산가공법이 발달했다. 강경 젓갈은 그렇게 우리의 입맛으로 자리 잡았다.

강경 젓갈 시장 바로 옆, 금강과 강경천이 만나는 곳엔 갑문閘門이 있다. 강경 갑문은 일제강점기인 1924년에 생겼다. 당시 갑문이 있는 곳은 강경과 인천뿐이었다. 갑문을 통해 강경 읍내 한복판까지 해산물을 실은 배가 들어왔고 그 주변으로 젓갈 시장이 형성되었다. 갑문이 젓갈 시장의 번성에 한몫 단단히 한 것이다. 강경 포구가 성시를 누리던 시절, 강경 갑문을 보려는 사람들이 줄을 이었다. 그 후 세월이 흘러 1990년 금강 하구 둑이 생기면서 물길이 막

충남 논산의 강경 젓갈 시장 바로 옆에 있는 갑문. 금강과 강경천이 만나는 곳이다.

혔다. 배가 들어오지 못하게 되었고 갑문은 기능을 상실했다

사실, 근대 유산으로 치면 강경만 한 곳도 드물다. 젓갈 시장 주변엔 근대 유산들이 즐비하다. 한때 젓갈 창고로 사용되었던 옛 한일은행 강경 지점(1913년), 포구 노동자들의 근거지였던 옛 강경노동조합(1925년)을 비롯해 옛 연수당 한약방, 옛 강경상고 교장 관사, 중앙초등학교 강당, 옛 강경성결교회 등등. 모두 젓갈의 힘이 아닐 수 없다.

그러나 이제 젓갈의 위세는 예전 같지 않다. 최근 들어 젓갈 시장은 다소 한산하다. 그래도 100여 곳의 젓갈 상점이 여전히 영업 중이다. 가을에 발효젓갈축제가 열릴 때나 11~12월 김장철이 되면 젓갈시장은 생동감이 넘친다. 적어도 이때만큼은 강경이 젓갈의 도시라는 사실을 제대로 느껴볼 수 있다.

최근 들어 다소 한산해졌지만 김장철이 되면 생동감이 넘치는 강경 젓갈 시장

관철동 삼일빌딩과 녹슮의 미학

1970년 10월, 서울 청계천 옆 종로구 관철동에 삼일빌딩이 들어섰다. 지하 2층, 지상 31층. 당시 서울에서 가장 높은 빌딩이었다. 이 빌딩은 금세 서울의 명물이 되었다. 서울 관광객의 필수 코스가 되었고, 빌딩 주변은 층수를 세는 노인과 아이들로 북적이곤 했다.

건물 주인은 삼미그룹의 창업주인 김두식金斗植이었다. 그는 당시 삼미사의 모태인 대일목재공업의 사옥으로 쓰기 위해 이 빌딩을 지었다. 그런데 기업 이름은 온데간데없고, 그저 삼일빌딩으로 이름 붙였다. 김두식은 3·1독립운동의 정신을 기리기 위해 이렇게 이름을 지었다. 그래서 층수도 31층이다.

김두식은 착공과 준공도 3월 1일에 맞출 생각이었다. 일정이 여의치 않아 그렇게 하진 못했지만 3·1운동에 대한 그의 애착이 어느 정도였는지 짐작이 간다. 바로 앞 종로 쪽 건너편이 3·1운동의 발상지인 탑골공원이라는 점도 작명^{作名}에 영향을 주었다는 이야기가 전한다.

높이 110미터의 삼일빌딩은 1970년 준공 이후 1985년 서울 여의도에 63빌딩이 들어설 때까지 국내에서 가장 높은 건물로 군림했다. 1970년대 국내 초고층 건축의 시발점이었고 개발 시대의 상징물이었다. 삼일빌딩은 당시 정부의 자랑거리였다. 홍보물은 물론이고 중학교 사회 교과서에 실렸을 정도였다. 누군가는 이 건물을 두고 "개발도상국의 열등의식을 해소하는 계기"라고 평가하기도 한다.

설계자는 당대의 대표 건축가인 김중업^{金重業}. 건물은 네모반듯한 형태로 멋 부리지 않고 31층까지 단순하게 쭉 뻗어 올라갔다. 외벽 색깔도 자신을 드러내지 않는 검은색 톤으로 했다. 이름만큼이나 우직하고 자신감이 넘친다.

삼일빌딩의 또 다른 매력은 외벽 처리다. 김중업은 당시 우리나라 최초로 '커튼월^{curtain wall}'을 도입했다. 커튼월은 건물 외벽을 커튼처럼 둘러싸는 얇은 칸막이벽을 말한다. 건물의 하중은 기둥, 들보, 바닥으로 지탱하고 외벽은 하중에서 벗어나 마치 커튼을 치듯 처리하는 것이다. 삼일빌딩의 커튼월은 철골을 외벽에 그대로 노출시키고 철골 사이를 유리로 채우는 방식이었다.

외벽에 노출된 철골은 마감 처리한 특수 금속이었다. 금속을 마감 처리했지만 자연 상태로 노출되다 보니 시간이 흐르면서 조금씩 조금씩 녹슬게 되었다. 그것은 한편으로 파격이었고 또 한편으

1970년에 준공한 높이 110미터의 삼일빌딩은 1985년 서울 여의도에 63빌딩이 들어서기 전까지 국내에서 가장 높은 건물로 군림했다.

로는 삼일빌딩의 매력이 되었다. 비 오는 날, 물에 젖은 녹슨 금속은 그 진한 색깔로 무언가 묵직함을 보여준다. 햇살이 비치면 보는 각도에 따라 색깔이 변한다. 그래서 설치미술 같은 느낌을 준다.

요즘 지은 주변의 다른 빌딩과 비교해보면 삼일빌딩의 매력은 더욱 두드러진다. 주변 건물들은 한껏 멋을 내면서 열심히 자신을 드러낸다. 하지만 삼일빌딩은 스스로를 드러내지 않는다. 건물의 이름도 그렇고, 검은색 톤의 녹슨 외벽도 그렇다. 녹슨 것을 그대로 끌어안고 가는, 그 절제의 미학. 한 시대를 풍미했던 삼일빌딩의 진정한 매력이다.

삼일빌딩은 2020년 리모델링 과정을 거쳤다. 리모델링 작업은 김중업의 건축 미학을 잘 살리면서도 시대 분위기와 조화를 이루고자 했다는 평가를 받는다. 리모델링한 건물은 전체적으로 세련되고 젊은 모습을 보여준다. 녹슮의 흔적이 사라진 것 같아 다소 아쉽지만 직장인들과 젊은이들이 오가는 청계천과 잘 어울린다. 이러한 리모델링 과정 또한 삼일빌딩의 중요한 내력이고 스토리라고 할 수 있다. 이런 과정이 쌓이고 쌓이면 또다시 오랜 세월이 지나 멋진 스토리로 기억될 것이다.

을지로 옛 서산부인과와 김중업의 상상력

이 건물은 안팎으로 구석구석 꼼꼼히 들여다봐야 한다. 옆으로 고개를 기울여 보기도 하고, 쪼그려 앉아 위로 올려다볼 필요도 있다. 적당히 수고를 들이면 숨겨진 매력이 하나둘 눈에 들어온다.

서울 중구 동대문디자인플라자^{DDP} 근처 광희문과 한양공고 사이. 지하철 2호선 동대문운동장역 3번 출구와 만나는 곳. 거기 독특한 모습의 5층짜리 뽀얀 건물이 있다. 건축주인 산부인과 의사의 요청에 따라 건축가 김중업의 설계로 1967년에 개인 병원으로 지은 건물이다.

프랑스 건축가 르코르뷔지에^{Le Corbusier}의 제자였던 김중업은 직선의 딱딱함에서 벗어나 곡선의 자유로움을 구현한 건축가다. 김중업의 곡선 미학을 제대로 보여주는 건물이 바로 이것이다. 김중업은 산부인과 병원이라는 점에 착안해 내부 공간을 자궁과 같이 디자인했다. 엄마의 몸속과 같은 부드러움과 따뜻함을 구현하기 위해 곡선과 원의 모티브를 과감하게 적용했다. 그래서인지 건물 여기저기 곡선과 원들이 물결치듯 출렁거린다. 건물 벽면과 바닥 이음새 부분도 둥글게 마감했다.

층층이 곡면으로 처리한 발코니가 특히 인상적이다. 밑에서 바라보면 하늘에 떠 있는 듯하다. 곡면 발코니는 돌아가면서 이어져 올라간다. 그 모습이 마치 탯줄을 연상시킨다. 육중한 콘크리트 덩어리가 곡선으로 표현되면서 절묘하게 생명의 탄생을 상징한다. 그렇기에 건물은 전체적으로 부드럽고 따스하다. 당시 한국 건축으로서는 상상하기 어려운 파격이었다. 건축가 김중업의 자유롭고 과감한 상상력이 돋보이는 대목이다.

이 건물은 1995년까지 서산부인과 병원으로 쓰였다. 하지만 1995년부터 산부인과 기능이 사라졌고 현재는 어느 회사의 사옥으로 쓰이고 있다. 그렇다 보니 이 건물 앞을 지나며 건물의 내력과

arium

아리움

옛 서산부인과 병원 건물

건축가 김중업의 의도를 떠올리는 사람은 거의 없다.

곡선의 미학을 제대로 보여준 건축가 김중업의 옛 서산부인과 병원 건물을 올려다본 장면

옛 서산부인과 건물 바로 길 건너엔 한양도성의 4소문 가운데 하나인 광희문이 있다. 조선 시대 이 문은 시신이 도성 밖으로 빠져나가는 통로였다. 광희문을 시구문屍軀門이라 부른 것도 이 때문이다. 그런데 그 맞은편에 서산부인과 건물이 들어섰다니. 죽음의 공간 바로 앞에 마주한 생명의 공간. 이건 우연일 수도 있고 운명일 수도 있다. 광희문과 옛 서산부인과. 두 공간이 서로 마주 보면서 오래오래 함께했으면 좋겠다.

옥인동 시범아파트, 그 40년의 흔적

서울 인왕산 아래. 흔히 서촌이라 부른다. 골목길을 따라 인왕산 초입으로 쭉 들어가면 수성동水聲洞 계곡이 나온다. 물소리가 끊이지 않는다고 해서 이런 이름이 붙었다. 이 계곡 공원엔 주말은 물론 평일에도 찾는 사람이 많다.

계곡 북쪽 언덕길을 오르던 사람들은 하나같이 놀란다. "여기에 웬 건물 잔해가 있지?" "전쟁 때 폭격 맞은 것인가? 누가 부수다 만 것 같기도 하고." 조금 더 올라가면 건물 잔해 앞에 작은 안내판이 보인다. '7동 일부분만 남김으로써 개발 중심 근대사의 오류와

서울 인왕산 아래에 있던 옥인동 아파트를 철거한 흔적

그 의미를 반성하고 되새길 수 있도록……'

인왕산 계곡엔 아파트가 있었다. 1971년 건축된 옥인동 시범아파트. 모두 9개 동 308세대였다. 아파트 초창기인 데다 물 좋고 산 좋은 인왕산 계곡이었기에 이 아파트는 당시 장안의 화제였다. 그런데 2000년대 들어 시범아파트가 인왕산 경관을 훼손한다는 지적이 나왔다. 계곡을 콘크리트로 덮었고 건물들이 인왕산을 가로막았기 때문이다. 이곳을 원래 모습으로 되살려야 한다는 의견이 나오기 시작했다. 2007년 공원화가 결정되었고, 2008년 아파트 철거를 시작해 2012년 마무리됐다.

그 과정에서 논란도 있었다. '공원화 결사 반대'와 같은 현수막이 걸리기도 했다. 아파트 사이 옥인교 아래 계곡에서 수영하는 모습을 떠올리며 추억에 잠기는 사람들도 적지 않았다. 그런 일상의 흔적도 필요하다는 의견에 따라 건물 한 동의 1층 벽체 일부를 헐다 만 채로 남겨두었다.

그게 바로 지금의 건물 잔해다. 부서진 벽체, 삐죽 튀어나온 녹슨 철근, 칠이 벗겨진 창틀, 툭 끊어진 수도관, 떨어져 나간 타일……. 좀 떨어진 곳에 콘크리트 계곡의 흔적도 남아 있다. 이곳에서도 신나게 물놀이를 했을 아이들의 모습이 떠오른다.

옥인동 일대는 조선 시대 화가였던 겸재謙齋 정선鄭敾이 살았던 곳. 그는 여기서 진경산수화 명품들을 탄생시켰다. 일제강점기 시인 윤동주는 여기를 오가며 시를 지었다. 그 흔적들을 기억하기 위해 아파트를 철거하고 경관을 복원한 것이다. 당연히 고무적인 일이다. 그렇지만 시범아파트 41년의 일상 또한 중요한 역사가 아닐 수 없다. 이제, 정선과 윤동주뿐 아니라 시범아파트에서의 삶까지 기억할 필요가 있다.

수성동 계곡에서 예상치 않게 만나는 아파트 건물의 잔해. 인왕산 경관을 훼손했던 아파트 잔해를 통해 환경과 역사의 중요성을 느끼게 된다. 그건 분명 색다른 경험이고 매력적인 기억이 될 것이다.

대전 대흥동 뾰족집의 눈물

"따스한 햇살이 들면, 금방이라도 담장 너머로 소녀의 피아노 소리가 들릴 것 같아요." "동화 속의 집이랄까, 내 마음의 집 같은 곳……." 1929년 건축된 2층짜리 목조 건물, 대전 원도심 한복판인 중구 대흥동의 뾰족집. 오랜 세월 사람들은 이곳을 배경으로 사진을 찍고 추억을 만들었다.

뾰족집은 대전 지역 주택 가운데 가장 오래되었다. 건축 당시 대전 철도국장의 관사였다고 한다. 이 집은 외관과 내부 구조가 독특하다. 맞배지붕의 본체 건물에 거실이 원형으로 돌출되어 있다. 원형 공간의 원뿔형 지붕이 맞배지붕과 함께 뾰족하게 솟아올라 뾰족집이라는 이름이 붙었다. 내부는 일본식과 서양식의 절충이다. 1929년 당시로서는 과감하고 세련된 주택 디자인이었다. 여기에 호젓한 마당까지 어울려 '동화 속의 집' 분위기를 만들어냈다.

뾰족집은 원래 대흥동 429-4번지에 있었다. 하지만 지금 주소는 37-5번지다. 원래 위치에서 자리를 옮겼기 때문이다. 사연은 이러하다. 2000년대 중반, 429-4번지 주변에 재개발이 추진되었다. 아파트 단지를 조성하면서 뾰족집은 헐릴 위기에 처해 많은 사람들의 안타까움을 자아냈고 보존과 철거 사이에서 논란이 일었다. 2008년 다행스럽게 뾰족집을 다른 곳으로 옮겨 보존하는 쪽으로 가닥이 잡혔다.

그런데 2010년 10월 재개발조합이 절차를 무시하고 벽체 창호를 철거한 채 목조 뼈대만 남겨놓았다. 재개발조합 소유라고 해도, 이전하기로 계획되어 있었으니 하나하나 해체했어야 하는데 그냥 부숴버린 것이다. '대전시 문화재이니 훼손해선 안 된다'라는 경고문이 무색해졌다.

대전의 철도국장 관사였던 대흥동 뾰족집. 원형 공간의 원뿔형 지붕이 맞배지붕과 함께
뾰족하게 솟아오른 모습이다.

우여곡절 끝에 뾰족집은 2014년 수백 미터 떨어진 37-5번지로 이전 복원했다. 천만다행으로 살아남았지만 지금 상황은 열악하기만 하다. 주변은 온통 모텔과 원룸 건물들. 마당도 없어 예전 뾰족집의 낭만과 여유는 사라졌다. 답답하고 삭막할 뿐이다. 게다가 수년 동안 입구는 굳게 잠겨 있고 유리창 몇 개는 떨어진 채로 방치되어 있었다. 지금은 사정이 좀 나아졌다고 하지만 뾰족집은 쓸쓸하기만 하다. 지나간 일이지만, 애초에 이전 부지를 잘못 고른 것이다. 철거에 대해 비판 여론이 일어 마지못해 이전하다 보니 이런 일이 생긴 것이다. 진정성이 결여된 이전 복원이 어떤 결과를 초래하는지 보여주는 듯하다.

참 아름다웠던 추억의 공간, 대흥동 뾰족집. 하지만 이곳 사람들은 지금 그 예쁜 추억 하나를 잃어버렸다.

염천교 구두 거리와 서울역

대학에 합격하거나 취직을 하면 정장 한 벌, 구두 한 켤레 맞추던 시절이 있었다. 양화점, 양복점, 양장점이라는 말이 익숙했던 1960~1980년대. 살림이 좀 어려워도 말끔한 구두 한 켤레는 갖고 있어야 한다고 생각하던 시절. 구두는 품격과 낭만의 상징이었다.

서울역 바로 옆 염천교에 가면 '염천교 수제화 거리, 모단뽀이 구두의 고향'이란 안내판이 붙어 있다. 거리라고 하기엔 규모가 다소 작지만 100여 곳의 구두 가게와 공장이 모여 있다. 남성화, 여성화, 스포츠화에 살사화, 라틴화, 스윙화 같은 댄스화도 많다. 발에

맞게 직접 구두를 맞추고, 수선도 하고 구두 용품도 판다.

염천교 구두 거리는 1925년 경성역(지금의 서울역)이 생기면서 시작되었다. 경성역은 사람들로 늘 붐볐고 장안의 명물이 되었다. 경성역에는 화물 창고가 있었다. 그곳으로 들어갈 가죽이 어찌어찌해서 흘러나왔고, 그 가죽을 활용한 피혁 구두 노점상이 바로 옆 염천교 일대에 생겨났다. 구두의 수요는 점점 늘어났다. 경성역을 찾는 멋쟁이들, 이른바 '모단 뽀이'들이 염천교로 몰린 것이다. 1930년대 구두는 샌들과 함께 유행을 탔고 유행의 진원지는 염천교였다.

1950년대 들어 미군들의 중고 군화를 이용해 구두를 만드는 집이 늘어났다. 염천교에 본격적인 구두 거리가 형성된 것이다. 1970년대는 염천교의 전성기였다. 염천교의 구두는 질이 좋으면서도 값이 저렴해 인기가 높았다. 자연스레 전국으로 공급되었다.

하지만 대형 브랜드가 득세하면서 1990년대 후반부터 염천교 구두는 밀려나기 시작했다. 구두 거리는 서울역 역세권 개발 사업으로 한때 철거 위기에 처하기도 했다. 그 위기는 극복했지만 이제 이곳을 찾는 사람은 부쩍 줄었다.

다행히 최근 들어 염천교 구두 거리를 활성화하기 위한 움직임이 일고 있다. 2016년 수제화 거리 축제가 열렸고 구두 매장을 운치 있게 꾸민 카페도 생겼다. 구두 가게 사이의 비좁은 카페에 들어서면 창문 너머로 옛 서울역과 철길들이 한눈에 들어온다. 2017년엔 구두 박물관까지 문을 열었다. 박물관 이름은 '오 슈oh, shoe'. 이름이 낭만적이다. 그런데 대부분 문이 닫혀 있다. 여러 여건상 늘 개

서울역 바로 옆 염천교에는 100여 곳의 구두 가게와 공장이 모여 있다.

방하는 데에 어려움은 있겠지만 아쉬움이 남는 대목이 아닐 수 없다. 그렇다면 저 공간은 왜 만든 것일까.

한때 염천교 위에 '염천교 수제화 거리 100년을 향하여'라는 현수막이 걸린 적이 있었다. 수제화 거리 100년이라면 2025년이다. 그때 우리는 염천교의 구두를 어떻게 기억하고 있을지, 궁금해진다. 96년 동안 서울역과 함께해온 염천교 구두. 옛 서울역은 현재 복합문화공간으로 활용 중이다. 그곳에 염천교 구두를 기억하는 프로그램이 하나쯤은 있어도 좋지 않을까.

대구 제일모직 기숙사와 여공의 꿈

"그때는 제일모직이 최고였지요. 공장엔 기숙사까지 있었습니다. 기숙사 시설이 엄청 좋아 사람들이 제일대학이라고 불렀다니까요." 제일모직 기숙사 가는 길, 택시 운전사는 그곳을 지금도 대학이라 불렀다.

1954년 대구 북구 침산동에 들어선 제일모직 대구 공장. 국내 최초로 국산 양복지를 생산했던 곳이다. 대구 공장은 1995년 경북 구미로 이전했다. 이후 24만 7,000여 제곱미터(7만 5,000여 평)가 빈 터로 남아 있다 오랜 논의를 거쳐 2017년 복합창조경제단지 겸 문화생활공간으로 다시 태어났다. 공식 이름은 대구삼성창조캠퍼스.

이곳에서 단연 돋보이는 건 옛 제일모직 대구 공장 여자 기숙사 건물 여섯 채다. 기숙사가 생긴 것은 1956년으로, 국내 최초의 여자 직원 기숙사였다. 삼성을 창업한 이병철 회장이 대구 공장을 세우면서 가장 역점을 둔 공간이 여자 기숙사였다.

처음엔 세 채의 기숙사에 진심眞心, 선심善心, 숙심淑心이라 이름 붙이고 최고급 자재를 사용해 건물을 지었다. 미용실, 욕실, 세탁실, 다리미실, 도서실, 휴게실 등 시설도 최고였다. 스팀 난방시설과 온수기도 있었다. 정원은 잔디밭으로 단장했고 나무들이 무성했다. 연못에선 공작과 꿩들이 노닐었다. 당시로서는 파격적이었

국내 최초로 양복지를 생산했던 옛 제일모직 대구 공장의 여자 기숙사(위)와 삼성의 모체인 삼성상회 복원 건물

다. 1960년대 이 기숙사를 둘러본 박정희 당시 대통령이 "이 정도면 딸을 맡길 수 있겠군."이라고 말했을 정도였다. 그렇다 보니 외부인들은 이곳을 '제일호텔', '제일공원', '제일대학'이라 불렀다. 제

일모직 대구 공장 여직원들은 남성들의 선망의 대상이었다.

여자 기숙사는 1980년대 초까지 여섯 채로 늘어났다. 2층짜리 건물의 외벽은 온통 담쟁이덩굴이다. 고풍스러운 건물 사이사이로 느티나무, 단풍나무 등 오래된 나무들이 멋을 더한다. 옛 기숙사는 외관을 원래 모습으로 유지한 채 내부를 리모델링해 공예품을 제작 전시 판매하는 공방과 전시장, 음악창작실, 카페 등으로 활용하고 있다. 기숙사 내부를 되살린 공간도 마련했다. 기숙사 옆에는 삼성의 모체인 삼성상회(1938년 설립) 건물을 복원해놓았다.

한국 근대화의 주역이었던 섬유 산업. 그 역군들은 대부분 시골에서 온 젊은 여성들이었다. 그들은 열심히 돈을 벌어 고향 집에 보내고 밤에는 야학 등을 통해 공부했다. 제일모직 기숙사엔 그들의 꿈과 애환, 한 시대의 흔적이 고스란히 남아 있다.

인천 올림포스호텔과 1호 카지노

인천 사람들은 이곳을 해망대산海望臺山이라 부른다. 인천역 바로 옆, 인천항, 월미도, 인천대교가 내려다보이는 야트막한 언덕. 인천시 중구 항동의 해망대산은 인천의 요지였다. 이름도 예쁜 이곳에 오래된 호텔이 있다. 올림포스호텔. 1965년 세워진 인천 최초의 관광 호텔이다. 호텔 외관은 우직한 듯하면서도 세련된 모습이다. 단정하면서 바닷가와 잘 어울린다. 1965년 당시로서는 깔끔하고 모던한 디자인이었다.

호텔 1층 엘리베이터 앞엔 '인천시 1호 승강기'라는 안내문이 붙어 있다. 인천 최초의 엘리베이터에 대한 자부심이 듬뿍 배어 있어 무척이나 흥미롭다. 50년이 넘은 이 엘리베이터는 지금도 사람들을 씩씩하게 잘 실어 나른다.

올림포스호텔을 세운 사람은 관광업을 하는 유희열이었다. 그는 호텔을 개업하고 얼마 지나지 않아 전락원을 만났다. 이들은 의기투합해 호텔 카지노를 개설하기로 마음먹었다. 정부로부터 허가를 따내 1967년 8월 호텔에 외국인 전용 카지노를 개설했다. 국내 최초의 카지노였다. 서울의 워커힐호텔 카지노보다 1년 빨랐다. 전락원의 카지노와 파라다이스그룹은 그렇게 시작되었다.

1960년대 카지노가 낯선 시절, 국내에 훈련받은 카지노 인력이 없어 필리핀에서 사람들을 지원받아야 했다. 하지만 1972년엔 말레이시아의 한 카지노를 위탁 경영하면서 노하우를 키웠고 그 덕분에 카지노 인력을 수출하기도 했다. 카지노 개설엔 당시 박정희 대통령의 지원이 있었다. 박 전 대통령은 이 올림포스호텔을 종종 방문했고 1972년엔 기념 식수를 하기도 했다. 이 나무는 지금도 호텔 앞마당에서 잘 자라고 있다.

카지노를 운영하던 파라다이스그룹은 2000년에 아예 올림포스호텔을 인수했다. 그러고는 호텔 이름을 올림포스에서 파라다이스 인천으로 바꾸었다. 파라다이스그룹은 2005년 이곳에서의 카지노 영업을 중단하고 인천국제공항 근처 그랜드하얏트호텔로 영업장을 옮겼다. 그 후 2015년 파라다이스 인천 호텔은 문을 닫는다고 해서 논란이 되기도 했다. 다행히 호텔은 명맥을 유지하게 되었고 2017년 4월엔 올림포스라는 원래 이름을 되찾았다. 올림포스호텔

국내 최초의 카지노가 있었던 올림포스호텔

에서 카지노 영업장이었던 다이아몬드 홀은 현재 다른 용도로 사용되고 있다.

　카지노에 대한 시각은 사람마다 다르겠지만 '국내 첫 카지노'라는 점은 역사적 사실이다. 우리 시대 욕망의 일단을 엿볼 수 있다는 점에서 흥미로운 흔적이 아닐 수 없다. 어떻게 하면 이를 기억할 수 있을지 적극적인 고민이 필요해 보인다.

남대문로 2층 한옥 상가, 조선 상인의 생명력

늘 분주한 곳, 서울 남대문시장 앞. 숭례문에서 한국은행 쪽으로 가다 보면 최근 들어선 고층 호텔이 나오고 그 앞에 작고 독특한 2층짜리 건물이 하나 있다. 붉은 벽돌로 지었는데 지붕에 기와를 올렸다. 주변 분위기로 치면 다소 뜬금없어 보이기도 한다. 그런데 거기 이런 설명이 붙어 있다. '서울 남대문로에 유일하게 남아 있는 1910년대 2층 벽돌 한옥 상가 건물'.

1910년대 전후 숭례문 주변(현재 남대문시장 일대)엔 근대 상권이 형성되었다. 사람들이 몰렸고 점포 건물들이 새로 들어섰다. 당시 점포 건물은 2층짜리 벽돌 한옥이 인기였다. 그 이전까지 한옥은 대개 단층이었지만 서양 건축이 들어오면서 변화를 겪기 시작했다. 대량생산이 가능한 벽돌을 사용했고 상업 수요를 맞추기 위해 2층으로 높여 넓은 공간을 확보했다. 지붕에 기와를 올렸지만 지붕틀은 전통에서 벗어나 서양식 목조 트러스를 도입했다. 이른바 한양韓洋 절충식 한옥 상가였다. 2층을 주거 공간으로 쓰기도 했다.

2층 한옥 상가 건물들은 광복 이후 대부분 철거되고 2000년대 초 겨우 세 채만 남게 되었다. 이 세 채는 남대문시장 맞은편 도로변에 서로 잇대어 붙어 있었다. 그때까지만 해도 이들은 주변의 낡은 건물들에 섞여 있다 보니 그리 주목받지 못했다. 그러다가 호텔을 짓는 과정에서 두 채가 사라졌다. 나머지 한 채마저 언제 철거될지 모르는 상황으로 바뀌었다.

급기야 이마저 사라지게 해서는 안 된다는 여론이 일었다. 논의 끝에 2016년 이 한옥 상가를 등록문화재로 지정하면서 보존의 토대를 마련했다. 이어 소유주인 흥국생명의 결단을 이끌어냈고, 2017년 변형된 부분들을 찾아내 최대한 원래 모습에 가깝게 보수 복원했다. 이 한옥 상가의 소유주는 100년 동안 한국인이었다. 일제강점기 서울의 상권을 차지하려는 일본인 상인들 틈바구니에서

서울 남대문로에 유일하게 남아 있는 1910년대 2층 벽돌 한옥 상가 건물

소유권을 끝까지 지켜낸 건물이기에 그 의미는 더욱 각별하다.

이 건물은 현재 한옥 카페로 활용 중이다. 내부의 빛바랜 벽돌, 출입구와 창호에 남아 있는 부서진 돌들, 천장의 목조 트러스, 운치 있는 오르내리창……. 건물 안팎 곳곳엔 100년 세월의 흔적이 여전하다. 내부엔 옛날 사진과 도면도 전시해놓았다. 한옥 상가 카페에 들어와 앉으면 오래된 창문 너머로 남대문시장의 모습이 시원하게 펼쳐진다. 그 분주한 풍경이 언제나 매력적이다.

강화 교동 대룡시장과 실향의 아픔

인천 강화도 서쪽 섬, 교동도. 지척이 북한 땅 황해도 연백이다. 수영을 잘하면 헤엄쳐 오고 갈 수 있을 정도라고 한다. 그래서 교동엔 피란민이 많다. 6·25전쟁 때, 연백에서 자유를 찾아 건너온 사람들이다. 교동에 피란 온 연백 사람들 가운데 일부는 군사경계선이 확정된 후에도 식량과 물자를 구하기 위해 남북한 군사 당국의 감시를 피해 연백을 다녀오곤 했다. 교동 사람들에게 황해도 연백은 강화 못지않은 생활 근거지였다.

1950년대 피란민이 교동으로 몰리면서 생계를 위한 물물교환 시장이 생겼다. 피란민이 가져온 쌀로 흉년을 이겨냈다. 전쟁이 끝나고 피란민에게 합판이 배급되자 이를 사용해 얼기설기 지은 판잣집이 줄지어 들어섰다. 목재 가건물에서 쌀 마당을 열고 물물교환도 했고, 그러면서 대룡시장이 형성된 것이다. 피란민들이 생계를 유지하기 위해 황해도 연백시장을 본떠 만든 골목 시장이라고 말하는 이도 있다. 어쨌든 그때까지 교동에 시장이 없었기에 교동 사람들에겐 새로운 풍경이고 문화였다. 자연스레 피란민들뿐 아니라 강화의 원주민들도 시장 주변으로 모였다. 대룡시장이 교동의 중심지로 자리 잡게 된 것이다.

지금도 대룡시장 골목길엔 오래된 간판들이 사람을 맞이한다. 연안정육점, 교동철물, 강화상회, 중앙신발, 교동이발관, 동산약방, 제일다방, 시계도장포, 거북당, 영운모타, 교동은혜농장……. 제비가 많이 찾아오는 곳답게 건물 처마 곳곳에 제비집들이 보인다. 모두 1960~1970년대 풍경이다.

동산약방은 1960년경부터 영업을 시작했다. 약방의 내부는 50여 년 전 모습 그대로다. 나무로 짠 약장, 양철판을 붙여놓은 매대, '조혈 영양 발육 촉진-몰트헤모구로빈'이라 쓰인 플라스틱 진열장. 오래되어 많이 닳았지만 반듯하고 단정하다. 1989년부터 이곳에서 약방을 운영하고 있는 나의환 옹(1932년생)을 만난 적이 있다. 그는 자상하고 친절했으며 약방에 대한 자부심이 대단했다. 그때 들었던 그의 말이 떠오른다. "예전엔 손님이 많아 우리 부부가 식사도 교대로 해야 했어요." 소박하지만 환하게 웃던 나 옹 부부의 모습이 지금도 눈에 선하다.

강화도 교동의 대룡시장은 실향의 아픔을 간직한 곳이다.

교동의 인구가 줄면서 대룡시장은 왜소해졌다. 시장의 주역들도 하나둘 세상을 떠나고 있다. 1969년부터 시계포를 운영하며 시계를 수리하고 도장을 팠던 황세환 씨는 2016년 세상을 떠났다. 시계포의 시간은 거기서 멈추었다. 지금은 시계포 앞에 '황세환 시계방'이라는 안내판이 서 있다. 이발소도 운영을 멈추었다. 다행히 외관이나 내부가 바뀌지는 않았지만 내부는 분식점으로 운영되고 있다.

세월이 흐르면 대룡시장에서 문을 닫는 노포는 더 늘어날 것이다. 문을 닫은 노포들은, 앞으로 옛날 분위기를 살리든 그렇지 않든, 카페나 분식점으로 바뀔 가능성이 농후하다. 대룡시장에서 최근 증가하고 있는 카페와 분식점은 1970~1980년대 분위기이긴 하지만 어딘가 진정성이 부족해 보인다. 왜 그런 생각이 드는 것일까. 옛 분위기를 살렸지만 교동 근대사의 본질을 빠뜨렸기 때문이 아닐까.

강화도 교동의 대룡시장엔 실향의 아픔이 담겨 있다. 바다 건너 바로 앞 북한의 연백 땅이 이를 여실히 말해준다. 교동도를 빠져나와 강화도 북단에 이르면 강화평화전망대가 나온다. 이곳에서 망원경을 이용하면 북한 땅의 모습과 북한 사람들의 움직임이 생생하게 눈에 들어온다. 삼엄한 철책선도 선명하게 보인다. 강화도와 교동의 엄연한 현실이다. 대룡시장에 녹아 있는 실향의 아픔은 지금도 진행형이다.

대한의원과 시계탑의 정치학

오래전 체코 프라하를 여행했을 때, 가장 기억에 남는 것 가운데 하나는 천문시계탑이었다. 그 설계의 치밀함과 상징성에 놀랐고, 밀려드는 관광객의 물결에 또 놀랐다. 일본 삿포로 시내에 있는 시계탑은 어떠한가. 눈 내리는 겨울 밤, 시계탑을 배경으로 끝없이 쏟아지는 폭설의 낭만을 지금도 잊을 수 없다. 영국 런던 국회의사당의 빅벤^{Big Ben}, 독일 뮌헨시청의 시계탑······. 세계 유명 도시엔 그곳을 대표하는 시계탑이 있다. 사람들은 이 시계탑 아래서 누군가를 기다린다. 그리움의 공간. 그래서 시계탑은 사람을 설레게 한다.

서울 종로구 연건동 서울대병원. 늘 붐비고, 늘 급박하게 돌아가는 그곳의 한쪽에 고즈넉한 건물이 있다. 1908년 대한제국의 국립 병원으로 세워진 옛 대한의원의 본관이다. 바로크 양식에 화려하면서도 고풍스러운 품격을 자랑한다. 일제강점기 조선총독부 의원으로 개칭됐고 1926년 경성제국대 병원을 거쳐 광복 후 서울대병원 본관으로 활용되었다. 지금은 서울대병원 의학박물관과 의학역사문화원 공간으로 사용하고 있다.

대한의원 본관에서 가장 두드러진 것은 건물 중앙에 우뚝 솟은 시계탑이다. 국내에 현존하는 시계탑 가운데 가장 오래된 것이다. 현재 시계탑 외부로 노출된 시계는 1981년에 새로 설치한 전자식 시계. 건물을 지을 때 설치했던 애초의 시계는 2014년 작동 가능한 상태로 수리 복원해 시계탑 내부에 전시해놓았다. 직접 관람하는 것도 가능하다. 이 대형 탑시계는 기계식이다. 25킬로그램의 대형 시계추를 끌어 올리면 그 추가 중력에 의해 내려오는 힘으로 시계의 롤러를 일정하게 돌리면서 시계가 작동한다. 복원 수리 과정에서 전문가들은 이 시계가 1907~1908년 영국에 주문해 제작했을 것으로 추정했다.

대한의원 건물이 들어선 이곳은 야트막한 언덕이다. 지금은 주

1908년 대한제국의 국립 병원으로 세워진 옛 대한의원의 본관. 지금은 서울대병원 의학박물관이다.

변에 병원 건물들이 높게 들어섰지만, 1908년 당시는 이곳 언덕에 시계탑 하나가 독보적이었다. 저 멀리서도 시계탑이 금방 눈에 들어왔을 것이다. 이 높은 곳에 왜 시계탑을 설치했던 것일까. 근대기 이전에 시간에 관한 정보는 일종의 권력이었고 그래서 지배층은 이를 독점하고자 했다. 높은 곳에 시계탑을 설치한 것은 시민과 시간을 공유하겠다는 의미였다. 그건 결국 근대를 향한 대한제국의 열망이었다.

　　대한의원 시계탑 내부로 올라가려면 나무 계단을 밟아야 한다. 나무 계단의 삐걱거리는 소리. 100년 넘는 시간을 건너가는 기분이다. 참으로 매력적인 경험이 아닐 수 없다.

상암동 월드컵공원과 난지도 쓰레기 9,200만 톤

한강이 내려다보이고 붉은 악마의 함성이 들리는 곳, 서울 상암동 월드컵공원(노을공원, 하늘공원 등). 30여 년 전만 해도 이곳은 대규모 쓰레기장이었다. 1,000만 서울시민들이 먹고 쓰고 버린 것이 총집결했던 난지도 쓰레기 매립지.

난지도蘭芝島는 원래 아름다운 꽃이 피고 새가 노니는 곳이었다. 난초와 영지가 자란다고 해서 이런 이름이 붙었다. 꽃이 많아 '꽃섬', 오리가 물에 떠 있는 모습이어서 '오리섬'이라고 부르기도 했다. 1960~1970년대 난지도는 억새가 우거져 데이트와 영화 촬영 장소로 인기가 높았다.

그런 난지도가 쓰레기 매립지로 변한 것은 1978년. 이후 1993년까지 서울시민의 쓰레기는 모두 난지도로 모였다. 15년 동안 약 270만 제곱미터(82만 3,000여 평)에 9,200만 톤의 쓰레기가 쌓였고 그 높이가 98미터에 달했다. 8.5톤 트럭 1,300만 대 분량. 거대한 쓰레기 산이 생긴 것이다. 파리, 먼지, 악취가 많아 삼다도로 불렸고, 15년 동안 무려 1,300여 차례나 화재가 발생했다.

1993년 경기 김포에 새로운 쓰레기 매립지가 조성되면서 불모의 땅 난지도를 되살려야 한다는 목소리가 대두되었다. 쓰레기 산을 흙으로 덮고, 흘러내리지 않게 경사면을 안정화하고, 쓰레기에서 발생하는 침출수를 정화하고, 매립 가스를 포집해 난방 에너지

서울 상암동 월드컵공원 전시관에서는 난지도의 쓰레기 일부를 전시하고 있다.

로 돌리고……. 그 과정을 거쳐 2002년 난지도는 공원으로 다시 태어났다.

　월드컵공원 동편 가장자리에 가면 난지도의 역사를 보여주는 전시관이 있다. 쓰레기 산을 절개한 단면 모형과 난지도 쓰레기 일부를 전시해놓았다. 2003년 전시장을 처음 찾았을 때 '뉴 뽀빠이', 김성동 소설『만다라』, 조용필 1집, 비사표 성냥, 삼양라면 등이 보였는데 3년 전 가보니 연탄재, 구두닦이통, 그룹 '코리아나'의 서울올림픽 주제가 앨범, 브라운관 TV, 자전거 튜브 등이 눈에 들어왔다.

　난지도 쓰레기는 개발 시대 서울의 일상과 소비와 욕망의 흔적이다. 그리고 난지도의 수난사이기도 하다. 아름다운 공원으로 바뀌었지만 사람들이 발 디디는 지표면 아래는 지금도 엄연히 엄청

난 양의 쓰레기가 부글부글 끓고 있다. 이런 상상을 해본다. 100년 쯤 흐른 뒤, 노을공원이나 하늘공원 일부를 절개해 발굴한다면 어떻게 될까. 땅속에서 나온 수많은 생활 유물들을 놓고 고고학자, 역사학자, 민속학자들은 어떤 설명을 내놓을까. 쓰레기 고고학이라는 분야도 있지만, 1970~1980년대 서울의 삶을 만나는 흥미로운 기회가 될 것이다.

사이렌이 울리던 시절, 보령경찰서 망루

시계가 흔치 않던 1950~1970년대, 낮 12시가 되면 정오 사이렌이 울리곤 했다. 밤 12시엔 통금을 알리는 사이렌이 울렸다. 통금보다 30분 앞서 밤 11시 반이 되면 통금 예비 사이렌이 울리는 곳도 있었다. 어느 지역은 소방서에서, 어느 지역은 경찰서나 읍사무소, 면사무소에서 사이렌을 울렸다.

대천해수욕장으로 가는 길목인 장항선^{長項線}(천안~익산)의 대천역 인근. 충남 보령시 대천동 보령경찰서 옆엔 독특한 모양의 망루^{望樓}가 있다. 누군가는 '첨성대' 같다고 하고 누군가는 '에밀레종(성덕대왕신종)' 같다고도 한다. 안내판엔 이런 설명이 붙어 있다.

1950년 6·25전쟁 당시 대천경찰서가 남으로 후퇴하였다가 9·28 서울수복 후 돌아왔으나 지방의 불순분자와 북한군의 잔당들이 성주산 일대에 은거하면서 대천의 치안 질서를 위협하였다. 1950년 10월 초 당시 경찰서장 김선호가 지역 주민의 협조

충남 대천역 근처에 있는 망루. 1950년에 치안용으로 축조했고 6 · 25전쟁 이후에는 이
곳에서 사이렌을 울렸다.

를 받아 성주산 일대의 자연석을 운반해 축조한 치안 유지용 망
루이다.

망루 높이는 10미터. 자연석과 시멘트 콘크리트로 몸체를 만들
고 윗부분은 8각 기와지붕을 얹었다. 망루 내부는 4층의 나무 계단
을 통해 위로 올라갈 수 있도록 했다. 망루 꼭대기에 오르면 대천
일대가 한눈에 쏙 들어온다. 내부 곳곳에서 밖으로 사격할 수 있도
록 총안銃眼을 22개 설치했다. 총안 주변엔 총탄 자국이 여럿 남아
있다.

그런데 경찰서나 형무소 망루치고는 모양이 지극히 이색적이
다. 전체적으로 몸통이 부드러운 유선형이다 보니 망루라는 느낌
이 들지 않는다. 그 망루를 온통 담쟁이덩굴이 휘감고 있다.

6·25전쟁이 끝나고 1980년대까지 이 망루의 주요 기능은 사이렌을 울리는 것이었다. 화재가 발생했을 때나 민방공훈련이 있을 때 망루에선 어김없이 사이렌 소리가 울려 퍼졌다. 정오와 자정에도 마찬가지였다. 하지만 1990년대 이후 사이렌 소리는 멈췄다.

보령경찰서 망루는 일견 평화롭다. 그러나 지난 시절을 기억하기엔 지나치게 정적인 것 같다. 망루의 입구를 막아놓아 사람들이 안으로 들어갈 수 없다. 이제, 망루의 기억을 다시 불러낼 수 있으면 좋겠다는 생각이 든다. 내부도 개방하고, 사이렌도 울리고, 사람들이 좀 더 가까이 다가가서 느낄 수 있으면 좋을 것 같다. 생각을 바꾸면, 보령경찰서 망루의 사이렌이 대천의 독특한 관광상품이 될지도 모를 일이다.

5. 예술의 탄생

통의동 보안여관과 《시인부락》의 탄생

1936년 11월 시 전문지 《시인부락^{詩人部落}》 창간호가 나왔다. 편집인 겸 발행인은 21세의 젊은 시인 서정주^{徐廷柱}(1915~2000). 당시 혜화전문학교(동국대의 전신) 학생이었다.

참여 시인은 김달진^{金達鎭}, 김동리^{金東里}, 김상원^{金相瑗}, 김진세^{金軫世}, 여상현^{呂尙玄}, 이성범^{李成範}, 임대섭^{林大燮}, 박종식^{朴宗軾}, 서정주, 오장환^{吳章煥}, 정복규^{鄭復圭}, 함형수^{咸亨洙}. 제1집의 '편집 후기'는 서정주가 썼다.

> 될 수 있는 대로 우리는 햇볕이 바로 쪼이는 위치에 생생하고 젊은 한 개의 '시인부락'을 건설하기로 한다. 뒤에로 까마득한 과거에서 앞으로 먼 미래를 전망할 수 있는 곳……

창간호 맨 뒤에 있는 판권 면을 보면, 편집 겸 발행인 서정주(경성·통의동 3), 인쇄인 조수성, 인쇄소 중앙인쇄소, 발행소 시인부락사 (경성·관훈동 27-3), A5판 32면, 정가 20전으로 되어 있다.

판권 면에 나온 서정주의 주소 '통의동 3번지'는 그가 묵고 있던 보안保安여관의 소재지였다. 서정주는 이 여관에 기거하고 시를 쓰면서 《시인부락》을 기획했다.

보안여관은 종로구 통의동 그 자리에 그대로 있다. 경복궁의 영추문迎秋門 바로 앞, 청와대 가는 길목이다. 하얀 바탕에 파란색 글씨로 된 보안여관 간판이 고풍스러운 분위기를 풍긴다. 김이 모락모락 오르는 욕탕 표시도 정겹다. 서정주 시대와 다른 점이 있다면 지금은 숙박 공간이 아니라 전시 공간이라는 사실.

내부로 들어가면 새로운 풍경이 펼쳐진다. 미술 전시의 효과를 위해 천장을 드러내 목조 가구架構를 옛날 모습 그대로 노출시켜놓았다. 위아래로 둥둥 떠다니는 듯한 목조 뼈대, 촘촘하게 얽혀 있는 전선과 애자礙子, 중간중간 속을 드러낸 누런 흙벽, 빛바랜 옛날 벽지, '객주 구수명客主 具秀命'이라 쓰인 일제강점기 때 상량문……. 창문 밖 영추문 너머로 쫙 펼쳐지는 경복궁 풍경 또한 매력적이다.

보안여관은 1930년대 초에 생겼다. 서정주의 이야기가 널리 알려지자 지방에서 상경한 작가 지망생들이 보안여관에 장기 투숙하며 '문청文靑'의 꿈을 키웠다. 보안여관은 당시 예술가들에게 특히 유명했던 여관이었다.

1960~1970년대 '통행 금지'가 있던 시절엔 청와대 직원들이 이곳에서 하룻밤을 묵기도 했다. 문화공보부 공무원이었던 김동호 전 부산국제영화제 이사장도 보안여관에서 새벽까지 대통령 연설

서울 종로구 통의동의 보안여관.《시인부락》의 발행처이기도 했던 곳이다.

문을 작성한 적이 있다고 한다. 당시엔 경복궁에 청와대 경호부대
가 주둔했다. 그래서 보안여관은 군인들의 면회 장소로 인기가 높
았다. 면회객이 몰리는 날이면 여관에 통닭 냄새가 진동했다는 이
야기도 전한다. 국립중앙박물관이 경복궁에 있던 1980년대, 밤늦
게까지 전시 준비를 하느라 집에 갈 수 없었던 직원들은 이곳에
서 잠을 청하기도 했다. 보안여관은 2004년까지 여관으로 사용되
었다.

보안여관은 2006년 폐업 후 2007년 일맥문화재단이 인수해 갤
러리로 쓰고 있다. 일맥문화재단은 이 보안여관을 "예술이 쉬어 가
는 문화 숙박업소"라고 홍보한다. 일맥문화재단은 2017년에 보안
여관과 연결되는 신관 건물을 짓고 숙박 및 문화공간으로 활용하

보안여관 내부

고 있다. 일맥문화재단 최성우 이사장은 "1930년대《시인부락》시
절의 기억을 되살려 지속하기 위한 것"이라고 설명한다. 옛 건물에
우리 시대의 이야기를 덧붙여 보안여관의 역사를 이어나가고 훗날
또 다른 기억으로 제공하겠다는 취지다.

　　이참에 좀 더 조사가 필요하다는 생각이 든다. 특히 천장 상량
문이 다소 의문이다. 상량문에는 '소화昭和 17년'이란 기록이 나온
다. 1942년이라는 말이 되는데 이 여관은 분명 1930년대부터 있어
왔다. 그렇다면 동일한 지번에서 현재의 건물을 새로 지었을 수도
있다. 보안여관의 역사에 있어 흥미로운 대목이라는 생각이 든다.
상량문 연대의 실체를 추적하는 과정, 이 여관을 운영했던 사람들
과 투숙했던 사람들을 찾아내려는 노력, 이런 과정이 추가된다면

보안여관은 우리에게 더욱 의미 있는 근대기 문화공간으로 기억될 것이다.

권진규 아틀리에와 예술가의 죽음

2006년 일본의 미술 명문 무사시노^{武蔵野}미술대는 개교 80주년(2009년)을 앞두고 졸업생 가운데 최고 작가를 선정하기로 했다. 공모 심사 결과, 한국의 얼굴 조각가 권진규^{權鎭圭}(1922~1973)가 최고 작가로 뽑혔다. 2009년 가을엔 도쿄국립근대미술관과 무사시노미술대에서 권진규의 전작을 선보이는 특별전이 열렸다.

구상과 추상을 넘나들며 한국 근대 조각의 틀을 마련한 권진규. 1959년 일본 유학을 마치고 귀국한 그는 서울 성북구 동선동에 아틀리에를 마련했다. 세상을 떠날 때까지 이곳에서 창작에 매진하며 〈자소상^{自塑像}〉, 〈지원의 얼굴〉 등 수많은 명작을 탄생시켰다.

성북구 성신여대 옆 작은 골목을 따라 계단을 몇 번 꺾어 올라가면 막다른 길이 나온다. 거기 권진규의 아틀리에가 있다. 이 작업실은 권진규가 직접 지었다. 내부로 들어서면 높게 탁 트인 천장 아래로 진열대, 받침대, 다락방, 나무 계단과 선반이 눈에 들어온다. 벽돌 가마, 우물, 흙 저장 공간도 있다. 테라코타 조각가의 작업실에서만 볼 수 있는 독특한 풍경이다.

하지만 지금 진열대와 다락방 선반에 작품은 없고 포스터와 패널만이 자리를 지키고 있다. 곳곳에 자소상과 부조 작품의 복제품이 있지만 주인 없는 아틀리에는 생동감보다는 쓸쓸함이 더 진하

조각가 권진규의 아틀리에 내부   ⓒ문화재청

다. 천장에는 옛날식 형광등이 걸려 있고, 줄에 매달려 길게 늘어뜨
린 스위치에선 세월이 진하게 묻어난다. 권진규가 살아 있을 때 아
틀리에는 늘 어두웠다고 한다. 그래서일까, 1973년 5월 어느 날 권
진규는 '인생은 무無'라는 글을 남긴 채 여기서 스스로 목숨을 끊었
다. 어느 평론가는 "권진규의 작품은 좀 어두운 곳에서 보아야 한
다."라고 말하기도 한다.

　권진규가 세상을 떠난 뒤 아틀리에는 그의 여동생이 관리해왔
다. 그러다 2006년 여동생이 내셔널트러스트 문화유산기금에 기
증하면서 공공의 공간이 되었다. 내셔널트러스트는 특별한 경우를
제외하곤 사전 신청을 받아 매달 하루 이곳을 개방한다.

　아틀리에의 대문을 열고 들어서면 작업 공간 옆 살림채에 걸려
있는 권진규의 큼지막한 실루엣 사진이 눈에 들어온다. 그는 사진

권진규 아틀리에 대문을 열고 들어서면 그의 큼지막한 실루엣 사진이 눈에 들어온다.

속에서 먼 데를 응시한다. 아틀리에엔 "자신의 속을 들여다보고 있는 얼굴 / …… / 권진규는 테라코타가 되었다."라고 노래한 황동규의 시도 걸려 있다. 얼굴을 통해 삶을 성찰했던 권진규. 그는 이곳에서 그렇게 예술이 되었다. 권진규의 조각은 보는 이를 저 깊은 곳으로 끌고 들어간다. 황동규의 시 「권진규의 테라코타」를 다시 한번 되뇌어본다. "가랑비 속을 / 전람회에 선보일 테라코타를 태운 리어커를 끌고 / 권진규가 미아리 집을 떠나 대학병원 앞을 거쳐 / 전람회장으로 오고 있다. / …… / 인간 속에는 심지가 있는가 / 상처가 있는가? / 두상이 더 오르려 하자 권진규가 얼른 목에 끈을 맸다. / 권진규가 테라코타 되었다."

이 시는 그 분위기가 매우 독특하다. 시인 황동규의 상상력과 성찰이 돋보인다. 시 속에서, 권진규는 자신이 제작한 테라코타 두상 여러 점을 아틀리에로부터 전시장까지 옮기고 있다. 대학병원 (아마도 서울대 병원일 것이다) 앞을 지나는데 무지개가 뜨고 두상 가운데 하나가 그 무지개를 구경하기 위해 목을 빼고 솟아올랐다. 그런데 그 두상이 더 솟아오르려 하자 권진규가 그 두상의 목을 끈으로 묶었다. 아, 그것은 두상의 죽음. 비극적이다. 권진규는 왜 그 두상의 목을 묶어야 했을까. 그건 결국 권진규의 죽음을 상징한다. 권진규의 죽음을 이렇게 표현할 수 있다니. "권진규가 테라코타 되었다"라는 구절이 오래도록 여운으로 남는다. 예술이 그러하고, 우리네 삶 또한 그러한 것 아닐까.

혜화동 동양서림과 화가 장욱진

1953년 여름, 6·25전쟁이 끝났다. 화가 장욱진張旭鎭(1917~1990)은 부산 피란살이를 마치고 서울로 돌아왔다. 종로구 내수동 집은 포화로 망가졌고, 전에 그려놓았던 그림은 옆집의 불쏘시개가 되어버렸다. 장욱진은 한동안 형과 화가 유영국劉永國의 집에서 기숙한 뒤 종로구 명륜동에 자리 잡았다.

궁핍한 시절, 열심히 그림을 그렸지만 먹고사는 일은 시종 힘겨웠다. 전세방을 전전했다. 그때 부인 이순경 씨(역사학자 이병도의 딸)가 나섰다. 가족을 책임지겠다는 마음으로 1953년 종로구 명륜동 가겟방을 구해 책방을 차렸다. 1954년 종로구 혜화동 로터리로 옮겨 동양서림이라는 간판을 달았다. 1960년대 중반엔 바로 옆 새 건물로 옮겨 규모를 확장했다.

1954년 장욱진은 서울대 미대 교수가 되었다. 그러나 전업 작가의 길을 걷기 위해 1960년 교수를 그만두었다. 이어 1963년부터 1990년 세상을 떠날 때까지 경기 남양주 덕소, 명륜동, 충북 충주 수안보, 경기 용인 마북동을 오가며 창작에만 매진했다. 그 와중에도 부인 이 씨는 꿋꿋하게 동양서림을 지켰다. 예술가 아내로서의 희생적인 삶이었다. 1987년 부인은 1954년부터 함께 일해온 직원 최주보 씨에게 조건 없이 서점을 넘겼다. 2004년부터는 최 씨의 딸이 운영하고 있다.

혜화동 로터리, 햇볕이 가장 잘 드는 곳. 거기 동양서림이 있다. 동양서림의 상징적 이미지는 간판이다. 예나 지금이나 혜화동 로터리를 지나는 사람들에게 가장 먼저 눈에 들어오는 시각물이기 때문이다. 지금의 간판은 흰색 바탕에 연두색 글씨로, 2020년 새로 설치한 것이다.

동양서림의 간판은 몇 차례의 변화를 겪었다. 2020년까지 오랫동안 사람의 눈에 익숙했던 간판은 빛바랜 분위기의 철제 간판이었다. 군데군데 녹이 슬고 페인트칠도 떨어져 나간 모습. 지극히 소박한 간판이었지만 한 모퉁이 'since 1953' 문구가 보는 이를 오랫동안 사로잡았다. 이 간판은 1980년대 후반에 설치한 것이다. 2000년대 초 서점 내부를 수리했지만 '간판은 꼭 옛 모습을 유지해야 한다'는 단골손님들의 간곡한 권유에 따라 옛 모습을 그대로 지켰다고 한다. 그러다 2016년 들어 'since 1953' 문구를 세련된 디자

서울 혜화동 로터리 동양서림의 옛 모습(왼쪽)과 현재 모습

인으로 살짝 바꾸기도 했다. 이어 2020년에 새로운 재료와 분위기로 간판을 바꿔 달았고 그것이 지금의 동양서림 간판이다. 간판의 모습이 조금 바뀌긴 했지만 'since 1953' 문구는 여전히 건재하다.

이 서점의 고객은 대부분 단골들이다. 허영자 시인, 정일성 촬영감독은 지금도 이곳을 찾는다고 한다. 장욱진을 그리워하는 사람들은 세종시(옛 연기군)의 생가, 용인 마북동 고택, 양주시립 장욱진미술관 등을 찾는다. 하지만 혜화동 동양서림도 장욱진을 기억하는 공간에서 빠질 수 없다. 동양서림 앞을 지날 때면 여러 모습이 떠오른다. 장욱진의 투명한 그림들, 생계를 책임졌던 부인의 헌신, 동양서림과 함께했던 많은 예인藝人들…….

2018년 한동안 동양서림의 셔터 문이 닫혔던 적이 있었다. 여기저기서 "혹시 폐업하는 것 아닌가" 하는 우려가 나왔다. 다행히 폐업은 아니었다. 셔터 문을 내리고 내부 리모델링 공사를 한 것이었다. 내부를 좀 더 깔끔하게 정리하고, 창고였던 2층으로 올라갈 수 있도록 나선형 계단을 냈다. 2층엔 '위트 앤 시니컬'Wit and cynical'이라는 시집 전문 서점이 자리 잡았다. 67년 역사의 동양서림이 3년 차 신생 전문 서점과 공생을 도모하는 것이라고 한다.

수년 전 동양서림 바로 옆에 사는 큐레이터를 만난 적이 있었다. 그는 이렇게 말했다. "동양서림의 역사와 장욱진의 미술을 돌아보는 전시를 기획하고 싶어요. 바로 이곳 동양서림에서요." 분명 매력적인 아이디어인데, 그의 꿈은 아직 이뤄지지 않았다.

예산 수덕여관과 세 여인

충남 예산군 수덕사는 1960~1980년대 중고생들의 수학여행지 가운데 하나였다. 학생들은 더러 수덕사 일주문 바로 옆 수덕여관에서 묵기도 했다. 예전에 이곳을 찾았을 때, "40년 만인데 하나도 안 변했어요."라며 탄성을 지르던 사람을 본 적이 있다.

1937년 말, 나혜석羅蕙錫(1896~1948)이 수덕사로 김일엽金一葉(1896~1971)을 찾아갔다. 그 4년 전 출가한 김일엽을 만나 출가를 도와달라고 부탁할 요량이었다. 김일엽과 나혜석은 1896년생 동갑내기. 이들은 공통점이 많다. 개화한 집안에서 태어났으며 뛰어난 재능과 예술적 감각을 지녔다. 일본으로 유학을 떠나 그곳에서 교유했고 남녀평등과 자유연애의 기치를 내세우며 한 시대를 풍미했던 신여성新女性의 선두주자였다.

시대를 앞서간 여성들을 세상은 넉넉하게 수용하지 못했다. 김일엽은 몇 차례의 사랑과 이별을 거듭하다 홀연 1933년 수덕사로 출가했다. 나혜석 역시 가부장제의 벽을 넘지 못하고 심신이 피폐

화가 이응로가 매입해 운영했던 수덕여관 입구

해져 갔다. 그런 상황에서 선택한 것이 출가였다. 일엽을 통해 수덕
사의 만공^{滿空} 스님에게 귀의를 요청했다. 하지만 만공 스님은 "중
이 될 재목이 아니다."라고 일언지하에 거절했다.

　미련이 남았던 나혜석은 일주문 밖 수덕여관에 남았다. 이곳에
머물며 그림을 그리고 그림과 조각을 가르쳤다. 그때 이응노^{李應魯}
가 수덕여관으로 나혜석을 찾아왔다. 그는 나혜석으로부터 세상과
예술을 배우고 프랑스 파리의 낭만을 동경하게 됐다. 나혜석이 수
덕여관을 떠나자 이응노는 1945년 여관을 매입했다. 이응노는 일
제의 강제징집도 피하고 생계 수단도 마련하기 위해 이 공간을 매
입한 것이라고 한다. 사실 그때까지 수덕여관은 여관이 아니라 비
구니가 쓰던 절집(숙소)이었다. 그것을 이응노가 매입한 뒤 여관으

사연을 알고 나면 더 쓸쓸하게 느껴지는 수덕여관

로 개조하고 수덕여관이라 이름 붙였다.

　이응노는 1958년 부인 박귀희를 수덕여관에 남기고 파리로 건너갔다. 그런데 혼자 간 것이 아니었다. 연인인 대학 제자 박인경과 함께 떠났다. 그곳에서 제자와 결혼했고 박귀희와 이혼했다. 이응노는 동백림東伯林(동베를린) 사건에 연루되어 대전에서 2년 반의 옥고를 치러야 했고 출옥 후인 1969년 3월 수덕여관을 찾아 지친 몸을 추슬렀다. 박귀희는 10여 년 만에 찾아온 이응노를 정성껏 돌봐

주었다. 그러나 몇 달 뒤 이응노는 다시 파리로 떠났다.

나혜석은 수덕여관을 떠나 여기저기 전전하다 1948년 행려병자로 삶을 마감했고 김일엽은 1971년 수덕사에서 입적했다. 이응노의 첫 번째 부인 박귀희는 홀로 수덕여관을 지키다 2001년 세상을 떠났다. 그래서일까. 수덕여관에 가면 참 쓸쓸하다는 생각이 든다. 그런데 수덕여관 곳곳의 각종 설명문은 이응노 중심으로 되어 있다. 나혜석, 김일엽, 박귀희의 흔적이 누락된 것이다. 힘겨운 시대를 헤쳐갔던 세 여성에게 참으로 미안한 일이다. 이들을 빼놓고 수덕여관을 제대로 기억한다고 말할 수 있을까.

섬진강 포구 양조장과 정병욱, 윤동주

1940년 봄, 연희전문학교 3학년 윤동주尹東柱(1917~1945)는 평생의 지기知己를 만났다. 전남 광양에서 올라온 다섯 살 연하 신입생 정병욱鄭炳昱(1922~1982)이었다. 이들은 처음 연희전문 기숙사에서 만났고 학교에서 가까운 서울 종로구 하숙집에서 같은 방을 쓰기도 했다.

이들은 늘 함께했다. 정병욱의 회고에 따르면 둘은 가까운 인왕산을 산책하고 그 산골짜기 아무 데서나 세수를 하고, 전차를 타고 충무로에 나가 책방을 순례했으며, 돌아오는 길에 음악다방에 들르거나 영화관에서 영화를 보았다. 문학과 예술을 논하고 식민지 조선을 걱정했다. 윤동주는 자신의 습작 시를 정병욱에게 가장 먼저 보여주었다.

연희전문 시절, 윤동주
는 우리말 시집을 내고 싶
었다. 그러나 일제의 혹독
한 탄압으로 우리말 출판
이 불가능하던 시절이었
다. 1941년 윤동주는 모두
19편의 시를 자필로 정리
하고 여기에 '하늘과 바람
과 별과 시'라는 제목을 붙
였다. 그 원고 세 부 가운
데 하나를 정병욱에게 건
넸다. 원고 맨 앞에 '정병욱

윤동주의 원고가 숨겨져 있던 곳 ⓒ문화재청

형 앞에. 윤동주 정ᄆ'이라고 썼다. 이듬해 윤동주는 일본으로 유학
을 떠났다.

이후 정병욱은 학병으로 끌려가게 되었다. 정병욱은 윤동주의
원고를 지켜야 한다고 생각했다. 고민 끝에 고향의 어머니에게 원
고를 맡겼다. "소중한 것이니 잘 간수하셔야 합니다."라고 간곡한
말씀을 올렸다.

정병욱은 다행히 살아서 광복을 맞았다. 서울대에서 계속 공부
를 했고 뒤늦게 윤동주의 소식을 듣게 되었다. 광복도 보지 못한 채
일본 후쿠오카福岡 형무소에서 불귀의 객이 된 윤동주. 정병욱은 소
식을 듣자마자 고향 집으로 달려갔다. 어머니는 보자기로 정성 들
여 싸놓은 윤동주의 원고를 내놓았다. 윤동주의 원고는 이렇게 살

전남 광양에 있는 정병욱의 고향 집

아남았고 윤동주의 친구 강처중이 보관해온 원고와 함께 1948년 1월 시집 『하늘과 바람과 별과 시』로 출간되었다.

정병욱이 어린 시절을 보냈던 집은 광양시 진월면 섬진강 하구의 자그마한 망덕 포구에 있다. 섬진강이 쉼 없이 흘러와 바다와 만나고, 이른 봄이 되면 매화가 지천으로 피는 곳이다. 정병욱 고향 집은 1925년 건축된 일본식 목조 건축물이다. 아버지가 양조장을 운영했기에 집 건물은 양조장과 주택을 겸용한 형식이다. 그 단정한 분위기가 포구 풍경에 잘 어울린다. 정병욱의 어머니는 이 양조장 건물 깊숙한 곳 커다란 독에 윤동주의 원고를 정성스레 숨겨놓았던 것이다.

그 차갑고 암울하던 시절, 윤동주의 시는 매화처럼 겨울을 인내하며 이곳에서 봄을 기다렸다. 정병욱과 윤동주의 우정이 있었기에 가능한 일이었다. 그 우정을 극명하게 보여주는 곳, 그래서 한국 근현대 문학의 백미가 빛을 볼 수 있었던 곳이 바로 정병욱 가옥이다. 2022년은 정병욱이 태어난 지 100주년이 되는 해다.

청운동 수도 가압장과 윤동주 우물

윤동주는 연희전문학교에 다니던 시절, 서울 서대문구 북아현동과 종로구 누상동에서 하숙을 했다. 그 무렵 「자화상」이라는 시를 썼다.

> 다시 그 사나이가 미워져 돌아갑니다. / 돌아가다 생각하니 그 사나이가 그리워집니다.//우물 속에는 달이 밝고 구름이 흐르고 하늘이 펼치고 파아란 바람이 불고 가을이 있고 추억처럼 사나이가 있습니다.

이 시에는 우물이 등장한다. 윤동주에게 우물은 세상과 소통하고 스스로를 성찰하는 매개물이었다.

서울 종로구 누상동에서 그리 멀지 않은 곳, 청운동엔 윤동주문학관이 있다. 문학관 건물은 원래 청운동 수도 가압장이었다. 수도 가압장은 수돗물을 원활하게 공급하기 위해 수압을 높이는 시설이다. 상수도 여건이 좋지 않았던 1970년대에 주로 고지대 초입에 많이 생겼다. 청운동 가압장은 1974년 지어졌다. 이후 이 일대의 상수도 여건은 계속 나아져 2008년 운영을 중단했다. 한동안 방치됐던 이곳은 2012년 윤동주문학관으로 다시 태어났다.

문학관 전시실엔 중국 룽징龍井의 윤동주 생가에서 옮겨 온 우물이 있다. 정확히 말하면, 사각형 목제 우물틀이다. 여기 이런 설명이 붙어 있다.

서울 종로구 청운동 윤동주문학관에 있는 우물틀. 중국 룽징(용정)의 윤동주 생가에서 옮겨 온 것이다.

이 우물 옆에 서면 동북쪽 언덕으로 윤동주가 다닌 학교와 교회 건물이 보였다고 합니다. 이 우물에 대한 기억은 오래오래 남아 그의 대표작 「자화상」을 낳습니다.

윤동주는 이 우물을 자주 들여다보았다. 거기 자신의 얼굴이 비치고 하늘과 별이 비치고, 식민지 현실이 떠올랐을 것이다.

옛 수도 가압장 건물엔 물탱크가 두 개 있었다. 문학관으로 꾸미면서 하나는 천장을 텄다. 그 물탱크의 벽에는 수위水位의 흔적이 여러 줄로 남아 있다. 마치 우물 속에 들어온 듯하다. 또 다른 물탱크는 밀폐된 공간으로 남겨두었다. 윤동주가 최후를 맞았던 일본 후쿠오카 형무소의 분위기를 살린 것이다. 천장에 연결된 인부들의 출입 통로는 창으로 활용했다. 이 공간에 들어서면 온통 칠흑처럼 캄캄하다. 하지만 천장 구석의 작은 창에서 한 줄기 빛이 쏟아져 들어온다. 윤동주가 갈망했던 자유의 빛이다. 이곳에선 이준익 감

윤동주문학관 건물은 1974년에 청운동 수도 가압장으로 지었던 것이다.

독의 흑백 영화 〈동주〉(2016년 개봉)가 떠오른다.

1945년 2월 16일, 윤동주는 후쿠오카의 감방에서 생을 마쳤다. 28년의 짧은 청춘이었다. 오래된 탓에 목제 우물틀의 표면은 비늘처럼 겹겹이 들뜨고 모서리는 여기저기 떨어져 나갔다. 특히 비늘 같은 표면이 인상적이다. 미세하게 금이 가 살짝 들떠 있는 조각조각들. 청년 윤동주의 삶인 듯, 보는 이를 시리게 한다.

충장로 광주극장과 임검의 기억

"임검 나왔습니다."

1970년대 전후 통속소설에 종종 나오는 말이다. 임검^{臨檢}은 '행정기관 직원이 현장에서 조사하는 일'을 뜻한다. 임검 장소는 주로 여관이나 버스터미널 등이었다. 하지만 세월이 흘러 지금은 거의 사라진 풍속이 되었다.

임검, 그 오래된 용어를 만날 수 있는 곳이 있다. 광주광역시 동구 충장로 광주극장. 1935년 문을 열었으니 2021년에 개관 86주년을 맞는다. 예나 지금이나 3개 층 856석에 스크린이 하나다. 대기업 복합상영관이 대부분인 요즘, 단관을 고집하는 희귀한 극장이다.

광주극장은 개관 이후 '조선 제일의 대극장'이라는 찬사를 받으며 호남 대표 극장의 명성을 구가했다. 그러던 중 안타깝게도 1968년 화재가 발생했다. 절도범이 전기모터를 훔치는 과정에서 불이 나 건물이 대부분 타버렸다. 지금의 극장 건물은 그때 다시 지은 것

1935년 개관 이후 호남 대표 극장의 명성을 구가했던 광주극장. 지금도 단관 극장을 유지하고 있다.

이다.

극장 곳곳엔 세월이 흔적이 가득하다. 외벽에는 컴퓨터로 출력한 간판이 아니라 직접 손으로 그린 영화 간판이 걸려 있다. 안으로 들어가면 '영화는 광고 없이 정시에 시작합니다. 상영관은 하나입니다. 지정좌석제가 아닙니다……'라고 쓰인 안내판이 있다. 표를 끊고 들어가 원하는 자리 아무 데나 앉으면 된다.

오래된 극장이라서 그런지 출입문이 참 많다. 1, 2, 3층에 출입문이 무려 13개. 1층 중앙 출입문 옆엔 비밀스러운 문이 하나 더 있고 그 위에 '임검석'이라고 쓰여 있다. 문을 열고 들어가면 1층 관람석 뒤쪽으로 연결되어 1층이 한눈에 다 들어온다. 1970년대 이곳에선 학생주임 교사나 경찰들이 청소년들의 영화 관람을 지도 단속했다. 지금은 상상하기 어려운 일이지만 그 시절엔 그랬다. 광

광주극장 객석 뒤쪽의 임검석. 1960~1980년대 청소년들의 영화 관람을 지도 단속했던
공간이다.

주극장의 임검석의 역사는 일제강점기로 거슬러 올라간다. 당시
일제 경찰은 영화나 공연의 내용을 검열하고 한국인들을 감시하기
위해 임검석을 요구했다.

고풍스러운 건물 내부엔 광주극장의 역사를 담은 사진과 옛 영
화 포스터, 입간판 등이 전시되어 있다. 2층 복도로 올라가면 큼지
막한 영사기 두 대가 눈에 들어온다. 1950~1960년대에 사용했던
것이다. 최근엔 작은 변화가 생겼다. 2층에 자그마한 전시 공간을
조성한 것이다. '만축滿祝'이란 글씨가 인쇄된 흰 봉투, 여성 아나운
서의 영화 안내 멘트를 적어놓은 노트, 영화 티켓에 찍었던 각종 도
장들, 오래된 초대권……. 객석 매진 시 '만축 봉투'에 사례금을 담
아 관객들에게 선물했다는 사실이 특히 흥미롭다. 영화 상영 직전
에 아나운서가 영화 내용을 직접 안내했다는 점도 눈길을 끄는 스

토리였다.

광주극장이 생긴 1935년, 서울 도심에선 스카라극장이 문을 열었다. 그 스카라는 2005년 건물 철거와 함께 역사 속으로 사라졌다. 86년 된 극장이, 옛 전통을 지켜내며 스크린 하나에 의지해 독립 예술영화를 상영한다는 것은 무척이나 지난한 일이다. 광주극장의 의지가 가장 중요하지만 광주극장만의 생각으로 이뤄지는 일은 아니다. 시민들이 함께하지 않으면 불가능한 일이다. 광주극장은 시민들과 함께 그 역사를 지켜가고 있다. 그렇기에 광주극장은 더욱 소중한 존재가 아닐 수 없다.

옛 부여박물관과 건축가 김수근

백제 고도 부여에 가면 부소산과 낙화암에 올라야 한다. 부소산에 오르는 길, 그 고즈넉한 초입에 눈에 확 들어오는 건물이 하나 있다. 옛 국립부여박물관이다.

설계자는 20세기 대표 건축가인 김수근金壽根(1931~1986). 그는 1965년 35세의 젊은 나이에 이 건물을 설계했다. 한옥 기와지붕 이미지, 서까래를 연상시키는 콘크리트 골조, 지붕 위에 둥그렇게 솟아오른 천창天窓, 강렬한 외관, 내부의 극적인 공간 구성……. 전통적 기와 한옥을 연상시키기도 하고, 한옥 이미지가 좀 과장된 것 아닌가 하는 생각이 들기도 한다. 그래서 독특하다. 당시로서는 새롭고 파격적인 건축 디자인이었다.

그런데 1967년 건물이 준공되고 그 모습을 드러내자 곧바로 왜

건물의 지붕과 정문 등이 일본 신사와 비슷하다는 이유로 왜색 논란에 휩싸였던 옛 국립부여박물관

색^{倭色} 논란에 휩싸였다. 건물의 지붕이나 정문 등이 일본 전통 건축 양식과 비슷하다는 비판이 나온 것이다. 김수근의 선배 건축가인 김중업도 "명백한 일본식"이라며 비판에 가세했다. 이에 대해 김수근은 "백제의 양식도 일본 신사^{神社}의 양식도 아니라 김수근만의 양식"이라고 반박했다.

그해 논란은 뜨거웠지만 시간이 지나면서 가라앉았고 국립부여박물관은 1970년 개관했다. 하지만 정문은 철거되었다. 일본 신사의 입구 도리이鳥居와 흡사해 왜색 비판을 피해 갈 수 없었기 때문이다.

이 건물은 과연 일본식인가, 아닌가. 왜색 비판에는 나름의 근거가 있었다. 그렇다고 해서 왜색이라고 단정 짓기 어려운 면도 있다. 쉽지 않은 문제다. 여기서 중요한 것은 왜색 여부가 아니라 전통을 어떻게 바라볼 것인가의 문제다. 우리 건축의 전통을 현대 건축에 어떻게 구현할 것인지, 이에 대한 고민과 논의가 왜색 논란으로 표출된 것이다. 한국의 건축이 발전해나가는 하나의 과정이었던 셈이다.

김수근은 이후 국립청주박물관(1979년 개관)을 설계했다. 국립청주박물관 건물은 전통 건축을 잘 구현했다는 평가를 받는다. 왜색 논란 같은 것은 옛날이야기가 되었다. 김수근이 국립청주박물관을 디자인하는 데 있어 10여 년 전 왜색 논란은 중요한 전기가 되었을 것이다. 그래서 부여박물관 왜색 논란이 있었기에 훗날의 김수근이 가능했다고 말하는 이도 있다.

국립부여박물관은 1993년 다른 곳으로 이전했다. 이후 옛 국립부여박물관 건물은 국립부여문화재연구소로 쓰이다 지금은 부여군 문화재사업소와 백제공예문화관으로 사용 중이다. 옛 국립부여박물관 건물은 한국 건축에 있어 중요한 역사적 현장이다. 그런데도 이 건물의 건축사적 의미를 돌아볼 수 있는 콘텐츠는 없는 것 같다. 50여 년 전 왜색 논란의 의미와 교훈을 되새겨보는 것도 옛 부여박물관 건물의 존재 의미가 아닐까 생각해본다.

원래는 소금창고로 지어졌다가 지금은 문화예술공간으로 탈바꿈한 잇다 스페이스

배다리마을 옆 '잇다 스페이스'와 『표준전과』의 만남

인천 개항장 거리에서 배다리마을로 넘어가는 싸리재 고갯길. 그 한 모퉁이 낡은 벽돌 건물의 출입문에 이렇게 쓰여 있다. '동양서림', '새전과·표준학력고사·중학전과·새산수완성'. 초록 페인트가 칠해진 출입문의 널빤지 틈새는 벌어졌고 하얀색 페인트 글씨는 탁하게 바랬다. 문을 열고 들어가면 오래된 창고 분위기다. 벽돌들은 여기저기 금이 갔고, 천장엔 먼지 낀 옛날식 애자^{碍子}가 붙어 있다. 한쪽 벽엔 오래되어 누렇게 변한 태극기가 걸려 있고 1980년대

신문지를 붙였던 흔적도 보인다. 이곳에 들어오는 미술작가들은 "아, 여기서 전시회를 열고 싶다."라고 탄성을 지르기 일쑤다. 예술 공간 '잇다 스페이스'의 풍경이다.

배다리마을은 인천 지역 근대의 길목이었다. 130여 년 전 제물 포항으로 들어온 근대 문물은 배다리를 거쳐 인천 지역으로 확산 되었다. 당시 개항장 일대에서 일본인, 중국인에게 밀려난 한국인 들이 이곳에 모여 살았고 그 과정에서 성냥 공장, 양조장, 미곡상회 등이 생겨났다. 1950~1960년대엔 헌책방들이 가세하면서 인천의 헌책방 골목으로 명성을 날리기도 했다.

잇다 스페이스 건물은 원래 1920년대 소금 창고로 지어진 건물 이다. 소래 염전에서 생산한 소금이 수인선 협궤열차狹軌列車에 실려 인천에 들어오면 그중 일부를 여기에 보관했을 것이다. 소금 창고 건물은 1940년대 여성 사우나로 변신했다. 이어 1950년대 문조사 라는 서점으로 바뀐 뒤 헌책방 동양서림으로 이어졌다. 동양서림 이 취급했던 주요 품목은 초·중·고 참고서였다. 1970~1980년대 는 『표준전과』, 『동아전과』를 비롯해 『성문기본영어』, 『성문종합영 어』, 『수학의 정석』 등이 득세하던 시절이었다.

헌책의 수요가 줄면서 1992년 동양서림은 문을 닫았다. 그 후 건물은 빈 채로 방치되었고, 언제부턴가 동네 쓰레기 창고로 바뀌 어버렸다. 그러던 중 2015년 눈 밝은 목공예 작가 부부가 이 건물 을 찾아내 문화예술공간으로 탈바꿈시켰다. 이들은 건물에 남아 있는 시간의 흔적을 훼손하지 않고 그대로 되살렸다.

내부 벽에 붙어 있는 오동나무 줄기도 인상적이다. 그 줄기를 따라가면 놀랍게도 건물 밖 오동나무로 이어진다. 시멘트 바닥 밑으로 뻗어 들어온 오동나무 뿌리가 내부 틈새로 빠져나와 벽을 타고 올라간 것이다. 그 생명력이 마치 이 건물의 운명을 말해주는 듯하다. 소금 창고에서 사우나, 헌책방, 전시 공간으로 이어진 100년의 흔적. 근대의 도시 인천에서도 이곳이 더욱 각별하게 다가오는 건 바로 이 같은 내력이 숨어 있기 때문이리라.

진해 예술 70년의 흔적, 흑백다방

군항제軍港祭가 열리는 곳, 경남 창원시 진해구 중원 로터리. 방사형 로터리를 둘러보면 옛 건물이 적잖이 눈에 들어온다. 러시아풍의 진해우체국(1912년), 중국풍의 육각 뾰족집 수양회관(1930년대), 60년 역사를 자랑하는 중화요릿집 원해루 그리고 일본식 가옥들. 그 옆으로 '흑백'이라는 큼지막한 간판이 보인다. 커피숍 같기도 하고 연주회장 같기도 한 2층짜리 낡은 건물, '문화공간 흑백'이다. 입구 기둥엔 '창원시 근대건조물 4호'라는 명패가 당당하게 붙어 있다.

이 건물은 1913년 상가 건물로 지어져 일제강점기엔 골동가게 등으로 사용되었다. 광복 후인 1952년엔 '칼멘'이란 이름의 고전음악 다방이 문을 열었다. 1961년 서양화가 유택렬劉澤烈(1924~1999)이 칼멘다방을 인수해 흑백다방으로 이름을 바꿨다. 유택렬은 1층 다방에서 고전음악 감상회를 열고, 2층에서는 창작 활동을 했다. 1960~1970년대 변변한 문화공간이 없던 시절, 흑백다방은 진해 지역 예술가들의 사랑방 역할을 했다. 인근 통영에서 활동하던 화

경남 창원시 진해구의 흑백다방 전경. 1913년에 지은 건물이다.

가 전혁림과 이중섭, 시인 김춘수도 이곳에 드나들었다. 2008년 이후엔 유택렬의 딸이 연주회와 전시회 중심의 문화공간으로 운영하고 있다. 최근엔 건물 2층을 유택렬미술관으로 꾸미기도 했다.

흑백다방의 출입문을 여는 순간, 오래된 건물 특유의 냄새가 진하게 풍겨온다. 벽이든 가구든 온통 빛바랜 색깔이다. 정면 중앙에 피아노가 있고 주변으로 오래된 음반과 악보들이 꽂혀 있다. 단정한 느낌의 풍금, 줄이 풀어진 바이올린, 말라붙은 튜브 물감, 손잡이가 떨어져 나간 물감 박스, 뽀얀 석고상, 그을음이 남아 있는 등잔⋯⋯. 창가의 오래된 소파에 앉으면 중원 로터리 맞은편으로 진해우체국의 이국적 풍경이 눈에 들어온다. 이곳에서 영화 〈화차〉(2012년 개봉)를 촬영한 까닭을 알 수 있을 것 같다.

코로나 19가 창궐하기 전까지 이곳에선 매달 두 차례 연주회가

흑백다방 내부. 연주회 중심의 문화 행사가 자주 열린다.

열렸다. 음악 연주회는 흑백다방의 가장 중요한 프로그램이다. 연주회가 열리는 날이면, 전국 곳곳에서 사람들이 찾아왔다. 외국에서 오는 사람도 있고, 해군사관학교에 볼일이 있어 왔다가 우연히 들르는 사람도 있다. 연주회가 끝나면 그들은 방명록에 "진해 문화의 등대", "살아 있는 흑백"과 같은 소감을 남기기도 했다.

유택렬은 까치의 이미지를 차용해 흑백이란 이름을 지었다고 한다. 기쁜 소식을 전해주는 까치의 이미지를 흑과 백으로 단순명료하게 표현한 것이다. 그의 바람대로 흑백다방은 군항제와 함께 진해의 자존심으로 자리 잡았다. 진해 사람들은 이곳을 흑백다방이 아니라 그냥 "흑백"이라 부른다. 흑백은 진해의 문화예술과 동의어이기 때문이다.

옛날 사진관과 동남사 사진기

동남사가 만든 사진기

사진기가 귀했던 1970~1980년대, 주로 사진관에 가서 사진을 찍었다. 증명사진, 가족사진, 백일 사진, 돌 사진. 그 시절의 사진관 사진기는 큼지막했다. 삼각대 위에 사진기 본체(바디)를 올려놓고 사진사는 검은색 천을 뒤집어쓴 채 렌즈를 조절하곤 했다. 가장 인상적인 것 가운데 하나는 상자 같기도 하고 아코디언 같기도 한 사진기 본체였다.

전남 순천시 도심에 가면 동남사진문화공간이 있다. 이곳에 들어서면 그 옛날 사진기들이 즐비하다. 사진기 관련 박물관에서도 옛날 대형 사진기를 만날 수 있지만, 순천의 이 공간은 그 의미가 매우 각별하다. 초창기 국산 사진기를 생산했던 동남사가 자리했던 곳이 순천이고, 동남사진문화공간이 그 흔적을 잘 이어오고 있기 때문이다.

동남사의 뿌리는 1940년대로 거슬러 올라간다. 목포 출신으로 일본에서 사진을 공부하고 돌아온 김철우金哲宇(1914~1982)는 1936년경 목포역 앞에서 사진관을 운영하기 시작했다. 1942년 순천으로 옮겨 가네다金田사진관을 개업했고 광복 이후엔 아세아사진관으로 이름을 바꿨다. 이어 1947년엔 사진기 재료점을 열었다.

김철우는 사진기를 직접 만들고 싶었다. 이런저런 준비 끝에 1952년 순천시 중앙동에 동남사진기공업사를 창업해 목형 대중판大中板 사진기를 제작하기 시작했다. 1960년대엔 회사 이름을 동남

동남사진문화공간에서는 동남사 사진기와 다양한 부속품을 소장 전시하고 있다.

사로 바꾸었다. 동남사가 생산한 대중판 사진기는 대형 뷰 카메라
였다. 4×6인치 이상의 커다란 원판 필름을 사용하는 사진기로, 주
로 사진관 스튜디오에서 인물 기념사진을 촬영하는 데 쓰였다. 동
남사 사진기는 인기를 끌었고 전국적으로 팔려 나갔지만 1976년
화재로 공장 건물이 불타버리면서 아쉽게 문을 닫았다.

　동남사진문화공간은 동남사 사진기와 다양한 부속품을 소장
전시하고 있다. 본체를 비롯해 필름 홀더, 삼각대, 스탠드, 셔터, 확
대기……. 세월의 흔적이 진하게 배어 있지만 보존 상태는 비교적
양호하고 아직까지 작동이 가능한 것도 적지 않다. 본체의 경우, 렌
즈가 사라진 것도 있고 필름 홀더나 셔터가 사라진 것도 있지만 그
래도 대체로 온전한 상태다. 삼각대까지 연결되어 온전한 세트를
이루는 것도 있다. 동남사 제품에는 동남사진기공업사, 동남사의

상표가 빠짐없이 붙어 있다. 상표에는 제품의 생산지인 '순천'을 빠뜨리지 않고 표기해놓았다. 순천에 대한 자부심이 대단했던 것 같아 무척이나 인상적이다. 동남사진문화공간에서 만나게 되는 사진기 하나하나, 부속품 하나하나에는 이른바 '빈티지' 분위기로 가득하다.

비록 렌즈는 수입품을 사용했지만 동남사의 사진기 생산은 사진기 국산화의 시발점이 되었다. 1950년대 우리의 열악한 상황을 고려해볼 때, 동남사 사진기의 의미는 더욱 각별하다. 동남사 사진기와 부속품들은 우리나라 근대 사진기의 발전사, 사진문화사를 보여주는 소중한 근대 유산이 아닐 수 없다.

동남사진문화공간은 동남사 창업자의 아들인 김중식 씨가 2019년 조성했다. 당시 김 씨가 내세운 것은 '대한민국 사진 공업의 역사적 장소'였다. 김 씨는 이곳을 순천 지역 사진문화사의 흔적을 전시하고 연구하며 시민들과 소통하는 공간으로 활용하고 있다. 물론, 동남사 사진기는 다른 곳에서도 소장하고 있다. 하지만 창업자의 유족이 문화공간을 조성해 사진기와 부속품들을 소장 전시하고 관련 프로그램을 운영하고 있다는 점에서 동남사진문화공간은 남다른 의미를 갖는다. 동남사가 사진기를 제작하던 1950~1960년대엔 협신, 우주와 같은 브랜드에서도 사진기를 만들었다. 그러나 이 브랜드들에 관해선 자료가 거의 남아 있지 않다. 그렇기에 동남사 사진기의 의미와 가치는 더욱 두드러진다.

2021년 봄, 순천 현지 조사 과정에서 동남사진문화공간을 조성한 김 씨를 직접 만난 적이 있었다. 그는 청년처럼 열정적이었다.

동남사에 대한 그의 자부심은 대단했다. 동남사의 역사와 흔적을 순천의 문화로 이어가려는 그의 생각이 보기 좋았다.

순천과 관련해 오래전부터 궁금한 게 하나 있었다. 순천에 순천 대학교가 있는데 그 순천대에 사진예술학과가 있다는 사실. 요즘 같이 실용과 취업을 중시하는 상황에서, 지방의 대학에 사진예술 학과가 존재한다는 것은 쉬운 일이 아니다. 어떻게 그게 가능할까, 늘 궁금했었는데, 동남사 사진기와 동남사진문화공간을 만나고 나니 이제 그 궁금증이 풀릴 것 같다.

6. 철도와 간이역

전차의 추억

밤 깊은 마포 종점 갈 곳 없는 밤 전차

비에 젖어 너도 섰고 갈 곳 없는 나도 섰다

강 건너 영등포에 불빛만 아련한데

돌아오지 않는 사람 기다린들 무엇하나

첫사랑 떠나간 종점 마포는 서글퍼라

1960년대 말~1970년대 은방울자매의 히트곡 〈마포 종점〉의 가사 일부다. 여기서 말하는 마포 종점은 20세기 서울 도심을 달렸던 노면 전차 서대문~마포 노선의 종점을 가리킨다.

전차電車라는 것이 있었다. 전기를 이용해 노면의 궤도를 달리는 교통수단, 전차. 지금은 사라졌지만 전차는 20세기 도시 근대화의 상징이었다.

우리나라 전차는 1899년(광무 3년) 5월 4일, 서울 서대문~종로~동대문~청량리(홍릉) 구간이 개통되면서 그 역사가 시작되었다. 최초의 철도인 경인선이 1899년 개통되었고 자동차가 1900~1901년경 들어왔으니 이보다 앞서 등장한 전차는 근대 대중교통의 혁명이라 말하기에 충분했다.

전차가 처음 도입된 배경에는 명성황후에 대한 고종의 애틋한 사랑이 배어 있다. 고종은 청량리에 있는 명성황후의 무덤 홍릉을 자주 찾았다. 그러나 행차로 인한 비용 부담과 번거로움이 뒤따르자 대한제국 황실은 고민에 빠졌다.

한성전기회사의 실질적 운영자였던 미국인 콜브란이 황실의 고민을 알아챘다. 그는 고종에게 전차의 편리함을 강조하면서 전차 도입을 제안했다. 고종은 흔쾌히 제안을 받아들였고 1898년 9월 공사가 시작됐다. 기공식은 서울 경희궁 앞에서 열렸다.

1899년 공사가 마무리되고 공식 운행에 앞서 콜브란은 사회 저명인사들에게 초청장을 보냈다. 그 초청장엔 '대중이 익숙해질 때까지 전차의 최고 속도는 시속 5마일(8킬로미터)로 운행할 것이며, 그 뒤로도 시속 15마일(24킬로미터)은 초과하지 않을 것'이라고 적혀 있었다.

교통수단이라곤 마차와 인력거가 주종이었던 당시 상황에서 전차 운행은 충격이었다. 전기에 의해 차가 움직일 수 있다는 점, 일정한 선로를 따라 정해진 구간을 오간다는 점, 남녀노소가 같은 객차 안에 한데 뒤섞여 있어야 한다는 점 등등이 기존의 통념을 뒤

집는 일대 사건이었다. 그래서 전차를 도깨비라고 부르기도 했다. 처음엔 정거장도 없었다. 골목 어귀에서 기다리고 있다가 손을 들면 전차가 서곤 했다. 개통 석 달이 지나서야 승차권 제도와 매표소가 생겼다.

불상사도 적지 않았다. 개통 얼마 전 공중에 매달아놓은 송전선 12미터가 절단되어 사라지는 사건이 발생했다. 범인 두 명은 재판도 없이 즉각 참형에 처해졌다. 개통되고 열흘이 지나 탑골공원 앞에선 다섯 살짜리 어린이가 전차에 치여 숨지는 사고가 발생했다. 마침 가뭄이 계속되어 민심이 흉흉할 때였다. 그 가뭄이 전차 때문이라는 소문이 돌고 있었다. 전차에 대한 불만이 확산되던 터에 전차 사고로 어린이가 목숨을 잃었으니 사람들은 분노하지 않을 수 없었다. 분노한 군중은 일본인 운전사를 폭행하고 전차 두 량을 불태웠다. 놀란 일본인 운전사들이 "호신용 권총 착용, 경찰 동승"을 요구하며 파업을 벌이는 바람에 석 달 동안 전차 운행이 중단되기도 했다.

사고는 계속 이어졌다. 특히 술에 취해 전차 선로를 베고 잠을 자다 화를 당하는 사고가 많았다. 1929년 4월 22일엔 진명여고 학생 120명을 태운 전차가 과속으로 달리다 전복되는 대형 사고가 발생해 사람들을 놀라게 했다.

이러한 사고에도 불구하고 용산, 의주로, 마포, 왕십리 등 서울 도심 곳곳으로 노선이 연장되었고 이 덕분에 전차는 서울의 대표적인 교통수단으로 자리 잡았다. 전차는 일상에 변화를 가져왔다. 승객이 늘어나면서 전차 노선 주변에 요릿집이 등장했고, 전차를 타고 활동사진 구경하러 다니는 사람이 생겼다. 전차가 가져온 여가 생활의 변화였다. 부작용도 있었다. 일제는 전차 노선을 건설한다는 이유로 한양도성의 돈의문敦義門과 성벽 곳곳을 부숴버리고 경복궁 서십자각西十字閣도 파괴했다. 서십자각은 경복궁 담장의 서남쪽 모퉁이에 세웠던 누각이었다. 지금의 동십자각의 대칭 지점에 위치했다고 보면 된다.

서울뿐 아니라 부산에서도 전차가 다녔다. 부산 지역의 전차는 1915년 11월 1일 개통되었다. 개통 당시엔 부산역~동래온천 구간을 운행했고 이후 전차 노선은 시내 순환선 등 3개로 늘어났다.

그러나 1950~1960년대 들어 버스의 편리함이 부각되면서 전차의 위상이 흔들리기 시작했다. 도로 한가운데를 지나는 전차는 버스의 장애물로 변해갔다. 시설도 노후해졌고 승객이 줄면서 적자가 늘었다. 결국 부산의 전차는 1968년 5월 19일까지만 운행되고 이후 운행이 중단되었다. 1968년 11월 29일, 종로행 왕십리발 전차를 마지막으로 서울에서도 전차는 사라졌다.

381호 전차와 서울의 아침

전차의 흔적은 어디에서 만날 수 있을까. 서울의 서울역사박물관, 국립어린이과학관, 부산의 동아대 석당박물관에 가면 예전에 노면 궤도를 달렸던 전차 실물이 있다. 서울역사박물관에 있는 전차(전차 381호)와 국립어린이과학관에 있는 전차(전차 363호)는 모두 1930년대 일본의 일본차량회사에서 제작한 것으로, 1968년까지 서울 시

서울역사박물관에 전시된 전차 381호. 1950~1960년대의 아침 풍경을 보여준다.

내를 운행하던 전차였다.

이 가운데 접근하기 가장 좋은 것이 서울역사박물관 야외에 전
시해놓은 전차다. 서울역사박물관은 381호 전차를 보수 복원해 전

국립어린이과학관에 전시된 전차 363호

시하면서 미술작가의 조형물을 가미했다. 관람객들은 381호 전차를 직접 타볼 수 있다. 내부에 들어가면 등굣길의 교복 입은 소년을 형상화한 조형물이 있고, 전차 밖에는 그 학생을 향해 애타게 손짓하는 어머니와 여동생을 형상화한 조형물이 설치되어 있다. 이 것은 작가의 설치미술품이다. 이 미술품이 의미하는 스토리는 이 렇다.

땡땡 소리를 내며 전차가 막 출발할 즈음. 아이를 업고 뛰어온 엄마가 전차를 향해 애타게 손짓을 한다. 엄마의 손엔 도시락이 들 려 있다. 전차 안, 교복 입은 소년은 차창에 바짝 얼굴을 대고 난처 한 표정으로 엄마를 바라본다. 엄마 옆엔 여동생이 학교 모자를 들 고 따라 나섰다. 아뿔사, 늦잠 자고 서둘러 나오다 보니……

381호 전차와 함께 만나는 1950~1960년대 서울의 아침 풍경 의 하나다.

한편, 서울 경복궁 내 국립민속박물관 추억의 거리에 가면 옛 전차를 실물 그대로 복원해놓은 것이 있다. 직접 올라타 여기저기 만져보고 종(승하차 벨)도 쳐볼 수 있다. 자녀들과 함께 가면 좋은 체 험이 될 것이다.

부산의 전차와 온천장

부산에 전차가 개통된 것은 1915년 11월 1일. 서울의 전차 개통이 고종의 홍릉 참배를 돕기 위해서였다면 부산의 전차는 동래온천 여행객을 위한 것이었다. 그래서 첫 운행 구간도 부산역~동래온천 이었다. 이후 부산의 전차 노선은 시내 순환선 등 3개로 늘어났다.

전차 개통 당시 부산 지역의 한 언론은 이렇게 보도했다. "이를 통하여 호연지기를 기를 수 있고 신체를 고무하고 병을 치유하거나 마음을 위로하는 사람들에게 활동의 에너지를 줄 수 있다면 동래온천이 조선의 개발에 많은 공헌을 한다고 믿어 의심치 않는다." 하지만 주 이용객은 일본인이었고 전차 운행은 식민 통치의 일환이었다.

전차를 개통한 조선가스전기주식회사는 1916년 동래온천에 욕장을 개설했다. 1918년 12월부터는 부산과 동래온천을 하루 5회 왕복하는 자동차도 운행했다. 동래온천은 변화를 거듭했다. 도로가 정비됐고 여관, 카페, 선물 가게, 요릿집이 속속 문을 열었다. 동래온천은 이렇게 1920년대 한국 최고의 온천지로 자리 잡았다. 이곳을 찾는 한국인도 많이 늘었다. 1927년엔 온천 거리 초입까지 전차 노선이 확장되었다. 그 종점은 온천장^{溫泉場}이었다.

광복과 6·25전쟁 이후, 50여 대의 전차가 서면~공설운동장, 서면~영도, 서면~온천장의 3개 노선을 돌았다. 노선이 조금씩 변했지만 온천장은 늘 부산 전차 노선의 핵심이었다. 그러나 1960년대 들어 버스의 편리함이 부각되면서 전차의 위상이 흔들렸다. 결국 1968년 5월 부산의 전차 운행이 종료되었다.

현재 남아 있는 부산 전차는 단 한 대. 동아대박물관이 소장하고 있으며 옛 정거장이었던 동아대 부민캠퍼스에 전시 중이다. 이 전차는 1927년 미국 신시내티에서 제작해 애틀랜타에서 운행했던 것으로, 1952년 미국의 원조기구를 통해 이 땅에 들어왔다. 중고 전차를 우리가 기증받아 사용했던 셈이다. 부산 전차는 그 이전 모습으로 수리해 비교적 깨끗하고 깔끔하다. 좌석이 순방향 역방향으로 절반씩 되어 있다. 서로 마주 보고 일렬로 앉는 일본제 서울

부산 동아대박물관이 소장하고 있는 전차. 옛 정거장이 있던 동아대 부민캠퍼스에 전시 중이다.

전차와 좌석 배치가 다르다는 점이 흥미롭다.

1968년 부산에서 전차가 사라졌지만 동래온천의 인기는 여전했다. 1990년 초까지만 해도 온천장 일대는 늘 붐볐다. 주말 저녁 시간엔 욕장이 가득 차 사람을 돌려보내야 할 정도였다. 하지만 1990년 중반 이후 찾는 사람이 급속히 줄었다.

부산 영도구가 옛 전차 종점이었던 영도대교 끝 남항동 일대에 노면 전차 문화 거리를 조성한다는 소식이 들린다. 전차 모형을 제작해 설치하고 일부 구간을 당시 모습으로 재현할 계획이라고 한다. 일단 고무적이지만, 모형 복제의 분위기가 지나치지 않았으면 한다. 아울러 온천장의 전차 문화까지 기억할 수 있으면 좋겠다. 부산의 전차는 동래온천과 함께했기 때문이다.

소래철교와 수인선 협궤열차

경기 안산시의 서울 지하철 4호선 고잔역 바로 옆. 300여 미터에 걸쳐 폭이 좁은 철길이 놓여 있다. 뽀얀 옛날식 역^驛 간판엔 '원곡 ← 고잔 → 사리'라고 쓰여 있다. 모두 수인선^{水仁線} 협궤열차의 흔적이다. 철로 중간중간에 이런 문구가 새겨져 있다. '아 옛날이 그립다—수인선 통학생', '스무 살의 나와 다시 만나다'…….

수원과 인천을 오가는 수인선은 1937년 일제 경제 침략의 수단으로 개통되었다. 그 길이는 52킬로미터. 수원, 고색, 어천, 일리, 원곡, 군자, 소래, 남동, 송도, 남인천역을 오갔다. 수인선은 본래 조선경동철도주식회사가 부설한 사설^{私設} 철도였다. 부설 목적은 수려선^{水驪線}과 연계해 여주, 이천 지역에서 생산하는 쌀을 경부선과 인천항으로 실어 나르기 위해서였다. 또한 군자, 소래, 남동 등 염전지대에서 생산하는 소금을 인천항으로 실어 나르기 위한 목적도 있었다. 수려선은 수원~여주 구간을 오갔던 협궤철도 노선이다. 조선경동철도주식회사가 수인선에 앞서 1930년 부설했다. 역시 여주 지역의 쌀을 수탈하기 위해서였다.

광복 이후 수인선은 이 지역 사람들의 삶의 현장이었다. 이 협궤열차는 출퇴근과 통학의 핵심 교통수단이 되었다. 소래포구 사람들은 열차가 들어오면 객실에 올라가 열심히 젓갈을 팔았다.

수인선은 낭만의 상징이기도 했다. 1970~1980년대엔 수인선을 타고 소래포구 어시장을 찾는 사람도 많았다. 탁 트인 갯벌 위 철교를 흔들거리며 건너가는 파란색 자그마한 객차. 소래포구를 가로지르는 소래철교는 수인선의 상징이었다. 협궤 철로 폭은 겨우

소래역 복원 모형(왼쪽)과 열차시간표

7.62미터. 표준 궤도(1435미터)의 절반이 좀 넘는 정도다. 그래서 사람들은 꼬마열차라고 불렀다. 열차 폭이 좁다 보니 객실 폭도 좁았고 객차가 흔들리면 서로 마주 보고 앉은 사람들의 무릎이 부딪히곤 했다.

그러나 세월이 흐르고 상황이 바뀌었다. 도로가 뚫리고 버스가 활성화되면서 1980년대 들어 협궤열차 승객은 줄어들었고 결국 1995년 12월 31일 운행을 마감했다.

수인선이 멈추자 추억을 간직해야 한다는 목소리가 나왔다. 그래서 그 일환으로 소래철교를 보존해 인도로 꾸몄다. 하지만 매력과 정감이 없다는 지적이 나온다. 침목과 레일을 유리로 덮어 평평하게 만들어놓았기 때문이다. 철길이라고 하면 침목과 자갈돌을 밟아야 할 텐데, 소래철교에서는 그러한 현장감이나 생동감을 느끼기 어렵다. 방문객들의 편리함을 위해 철길의 본질을 포기한 것은 아닐까.

옛 수인선 협궤열차의 추억을 간직한 철로(왼쪽)와 소래철교

고잔역 주변 철길 구간도 아쉽기는 마찬가지다. 서울 지하철 4호선 고잔역과 중앙역 사이에 수인선 협궤열차의 흔적이 남아 있다. '협궤철도 소공원'이라고 부르는 이곳엔 철길 건널목, 차단기, 신호등, 역사 표지판 등을 설치했지만 다소 모형 같다는 느낌이 든다. 추억이 제대로 살아나질 않는다. 철길이 그저 놓여 있는 것일 뿐 존재감을 잘 드러내지 못하는 것 같다.

소래철교 옆으로는 2012년 개통된 새로운 수인선 전철이, 고잔역 옆으로는 서울 지하철 4호선 차량들이 열심히 질주한다. 그 옆에서 협궤열차 수인선의 흔적은 왜소하기만 하다. 소래철교, 고잔역 외에도 수인선의 흔적이 몇 군데 더 남아 있지만 상황은 비슷하다. 그 추억을 입체적이고 생동감 넘치게 되살릴 수는 없는 걸까. 쉽지 않은 일이지만 고민은 계속해보았으면 좋겠다.

익산 춘포역과 군산 임피역, 그 낭만과 상흔

김제·만경평야가 드넓게 펼쳐진 곳, 전북 익산시에 가면 춘포역이 있다. 익산역(옛 이리역)에서 갈라져 나온 전라선의 간이역이다. 1914년에 건설된 춘포역은 현존하는 기차역 가운데 가장 오래되었다.

대부분의 간이역이 그렇듯 춘포역은 단출하다. 건축 전문가들이 보면 겹처마나 차양 등 이런저런 세부 요소들이 눈에 들어오겠지만, 보통 사람이 보면 육면체 건물에 삼각 모양의 박공博栱 지붕을 얹은 형태가 눈에 띈다. 앞면과 뒷면을 구분하기 어려울 정도로 단순하다. 그러나 1914년 처음 지어졌을 당시엔 평야 한가운데 제법 우뚝 솟은 모양새였을 것이다.

춘포역은 애초 대장역大場驛이었다. 일제강점기 때 이곳이 대장촌大場村마을로 불렸기 때문이다. 김제·만경평야에서 거둔 곡식을 군산항으로 옮겨 수탈하기 위한 일제의 의도가 고스란히 담겨 있는 지명이었다. 일제 잔재를 청산하기 위해 1996년 춘포면 대장촌리를 춘포리로 바꾸었고 이에 따라 대장역도 춘포역으로 이름이 바뀌었다.

우리는 흔히 간이역을 낭만의 상징으로 생각한다. 춘포역 또한 그렇다. 춘포역을 눈여겨보면 부드러운 쪽빛 파스텔 톤의 외관이 주변 풍광과 잘 어울린다. 가을날이 되면 기차는 황금 들녘을 멋지게 지나갔을 것이다. 눈 내린 겨울 들녘 또한 춘포역, 증기기관차와 잘 어울렸을 것이다. 하지만 일제강점기에 생긴 소규모의 역들은 대부분 수탈의 수단이었다. 춘포역도, 가까운 군산의 임피역도 모두 곡물 수탈의 통로였다.

일제가 김제·만경평야의 곡식을 군산항으로 옮겨 수탈해 가기 위해 만든 전북 익산의 춘포역

　춘포역은 2007년 역으로서의 기능을 마감했다. 지금 춘포역 대합실과 역무실에는 역의 옛 모습 사진, 주민들의 메모와 그림 등이 걸려 있다. 시민들과 함께하는 문화 프로그램도 진행하면서 간이역 박물관으로 활용하고자 노력하고 있다. 해바라기를 심어 여름철 볼거리를 제공하기도 한다.

　이 같은 노력은 고무적이다. 하지만 못내 아쉬운 대목이 있다. 옛 철길이 사라진 점이다. 2011년 전라선 복선 전철화 공사를 마무리하면서 옛 철길을 철거했다. 새로 난 전철 길은 옆의 고가 위로 지나가고, 춘포역 앞의 옛 철길은 자취를 감추었다. 지금 춘포역에서 가장 중요한 것은 일제강점기에 곡물을 수탈해 간 기차역이었

2008년 5월 열차 운행이 중단된 전북 군산의 임피역. 맞배지붕이 반듯하고 단정한 느낌을 준다.

음을 기억하는 일이다. 그러기 위해선 역사驛舍 하나만으론 부족하다. 100미터 정도만이라도 철길을 다시 복원해놓으면 어떨까. 철길이 있어야 춘포역을 제대로 기억할 수 있기 때문이다.

춘포역 가까운 곳에 군산의 임피역이 있다. 1924년 열차 운행을 시작한 임피역은 군산선의 간이역이었다. 임피역 또한 일제강점기 식량 수탈의 상징이었다. 당시, 기차는 전북 지역에서 생산된 곡식을 가득 싣고 뿌연 연기와 굉음을 내뱉으며 임피역을 지나 군산항까지 달렸을 것이다.

1990년대 후반 이후 다른 교통수단이 발달하면서 군산선 이용객은 부쩍 줄었다. 그 여파로 2006년 임피역에서 역무원이 사라졌고 2008년 5월 임피역의 열차 운행이 완전히 중단되었다. 임피역에 가면 그 흔적들이 잘 남아 있다. 1936년에 지은 역 건물은 단순하다. 경사면 두 개가 서로 맞닿아 있는 맞배지붕 형식이어서 멀리서 보아도 반듯하고 단정하다. 역무실 공간에는 책상, 타자기, 금고 등 예전에 사용했던 이런저런 물건들이 가지런히 놓여 있다. 역 건물 옆에는 붉은 철탑 모양의 오포대^{午砲臺}가 우뚝 서 있다. 시계가 귀하던 시절, 낮 12시가 되면 사이렌으로 정오를 알려주던 것이다. 오포대 옆에는 물이 콸콸 나오는 식수 펌프도 있다. 언제 저런 시절이 있었나 하는 생각이 든다.

해운대 송정역과 바닷가 간이역

부산 해운대 달맞이길 넘어 기장역 쪽으로 올라가다 보면, 뽀얀 백사장과 함께 자그마한 역 하나가 나온다. 동해남부선의 옛 간이역, 송정역이다. 부산진~울산~경주 구간의 동해남부선은 1918, 1935년 두 차례에 걸쳐 개통되었다. 송정역은 1934년 역무원이 없는 간이역으로 영업을 시작했다. 현재의 역사^{驛舍}는 1941년에 지은 것이다.

동해남부선은 원래 일제강점기 때 경남과 경북 사이의 해산물 자원을 운송하기 위해 건설했다. 이후 1960년대부터 해운대, 경주 등을 찾는 낭만적인 철길로 각광을 받았다. 1965년 송정해수욕장이 생기고 동해남부선은 더욱 인기였다. 해운대와 송정 바다를 즐긴 뒤 동해남부선을 타고 경주 불국사역에 내려 완행버스로 불국사와 석굴암을 여행하는 사람들이 많았다.

동해남부선의 간이역으로 생긴 부산의 옛 송정역. 복선 전철화로 근처에 새로운 송정역이 생겼다.

바닷가 간이역은 단출하고 경쾌하다. 송정역도 그렇다. 간이역 건물은 대개 삼각 모양의 박공지붕을 하고 그 아래 중앙에 출입문을 배치한다. 그런데 송정역은 출입문을 박공의 중심선에 맞추지 않고 왼쪽으로 치우치게 배치했다. 어디 이뿐인가. 박공과 출입문 캐노피 사이에 세 쪽의 작은 창이 있는데 이 또한 왼쪽으로 치우치게 했다. 일탈이고 파격이다.

이를 두고 어느 건축가는 "사람으로 치면 입 한쪽을 씩 올리며 반갑게 웃는 형상이다. 숫제 윙크를 하는 것 같다."라고 했다. 참 기분 좋은 비유다. 바닷가를 찾는 이들은 무언가 채우고 싶은 빈틈을 하나씩 갖고 있다. 그 마음 상태에 어울리는 바닷가 간이역의 디자인이다.

철길 옆에 있는 노천 대합실(1967년 건축)도 눈여겨보아야 한다. 천장의 삼각 트러스와 기둥 윗부분의 장식이 특히 매력적이다. 아르누보^{Art Nouveau} 스타일의 철제 장식으로 고품격의 아름다움을 보여준다.

송정역은 2013년 열차 운행을 중단했다. 동해남부선의 복선 전철화로 근처에 새로운 송정역이 생겼기 때문이다. 그 무렵 많은 사람들은 역 자체가 없어지지 않을까 걱정했다. 하지만 다행스럽게 옛 송정역은 비교적 잘 살아남았다. 사람들의 발길도 꾸준하고, 역 건물은 갤러리 겸 카페, 건축학 교육 공간으로 활용되기도 한다. 이에 힘입어 최근엔 송정역 일대를 역사문화공간으로 복원 활용하기 위한 프로젝트가 시작되었다.

한 시대를 풍미했던 낭만의 간이역, 송정역. 바닷가 간이역은 언제나 사람들을 설레게 한다.

7. 일제의 침략과 독립

경교장 유리창 총탄 구멍, 그 너머의 풍경

백범 김구^{白凡 金九}(1876~1949)의 죽음 하면 떠오르는 한 장의 사진이 있다. 경교장^{京橋莊} 2층 김구의 집무실 유리창 너머, 고개를 떨군 채 통곡하는 군중들의 모습. 사진 속 유리창에는 총탄 구멍 두 개가 선명하다. 안두희가 쏜 총탄이 유리창을 관통한 흔적이다. 1949년 6월 26일 김구 암살 직후 미국의 사진기자 칼 마이던스가 찍어 《라이프^{LIFE}》에 게재했던 것이다. 당시 사진 제목은 〈혼란 속의 한국, 호랑이를 잃다〉였다.

서울 종로구 평동 강북삼성병원 내 경교장. 이 건물은 1938년 지어졌다. 김구는 1945년 11월 중국에서 환국해 1949년 서거할 때까지 경교장을 집무실 겸 숙소로 사용했다. 여기서 대한민국임시정부의 국무회의가 열리기도 했다.

김구 암살 후엔 미군 사무실, 주한 대만 대사관저 등으로 사용

2013년에 복원된 서울 종로구 평동의 경교장. 안두희의 총탄 흔적도 복원해놓았다.

되다 1967년 고려병원(현 강북삼성병원)이 매입해 병원 건물로 사용했다. 그렇다 보니 내부 구조가 많이 바뀌었고 1990년대 들어 복원 필요성이 제기되었다. 하지만 복원은 쉽지 않았다. 그러던 중 2005년 2층의 옛 김구 집무실을 먼저 복원했다. 그 무렵 이곳은 의사들의 휴게실이었다. 이후 경교장 전체를 복원해야 한다는 여론이 일었고, 2010년 강북삼성병원은 복원을 위해 건물을 서울시에 기증했다. 전체적인 복원은 2013년 마무리되었다.

경교장은 건물 안팎 곳곳이 모두 매력적이다. 여기 갈 때마다 꼭 봐야 할 것이 있다. 2층 집무실 유리창의 총탄 구멍이다. 1949년 사진에 나오는 두 개의 총탄 구멍. 김구 집무실을 복원하면서 이 총탄 구멍을 함께 되살렸다. 복원 당시, 총탄 구멍을 어떻게 되살릴

1949년의 실제 총탄 흔적 사진(왼쪽)과 경교장 집무실 내부

것인지를 놓고 많은 논의가 있었다. 구멍을 되살려야 하지만 유리 창에 직접 구멍을 낼 수는 없었다. 구멍으로 바람이 불어오거나 빗 물이 들이칠 수 있기 때문이었다. 대신 5밀리미터 두께의 투명 아 크릴판에 총탄 구멍을 재현해 유리창에 덧붙이기로 했다. 엄밀히 말하면 재현이라고 해야 옳다.

그것이 복원이든 재현이든, 경교장의 총탄 구멍은 매우 각별하 다. 우리 근대사의 비극을 상징하는 흔적, 경교장에서 가장 극적인 흔적이기 때문이다. 총탄 구멍 앞에 서면 1949년 사진 속 유리창 너머 군중들의 모습이 떠오른다. 통곡 소리가 들려오는 듯하다. 착 잡함에 한동안 발길을 옮길 수가 없다. 정신을 차리고 현실로 돌아 오면, 유리창 너머 그 자리로 수많은 사람들이 분주히 오간다.

조선총독부 첨탑, 끝나지 않은 해원

그리스 신전 같기도 하고, 때론 작은 원형경기장 분위기도 난다. 계단식 원형 공간 여기저기 오래된 화강암 덩어리들. 절단한 기둥, 부서지다 만 기둥, 기둥 꼭대기의 장식물, 출입구 상부 구조물, 아치형 벽 장식, 발코니 난간 조각, '定礎石(정초석)' 세 글자가 선명한 주춧돌⋯⋯. 크기와 모양은 다르지만 모두 단단하고 육중하다. 어느 시대의 몰락을 보여주는 듯 돌들의 분위기는 황량하고 스산하다.

충남 천안시 독립기념관 야외 한쪽, 돌들이 모여 있는 이곳은 조선총독부 철거 부재 전시 공원이다. 서울 경복궁에 있던 조선총독부 건물을 철거하고 나온 부재의 일부를 보관 전시하는 곳이다.

전시물 가운데 가장 두드러진 것은 첨탑이다. 1926년 세워진 조선총독부 청사의 맨 꼭대기 중앙 돔 위에 올라가 있던 바로 그 첨탑. 높이 8미터, 무게 30톤에 달한다.

1993년, 김영삼金泳三 정부는 조선총독부 건물을 철거하기로 했다. 역사 바로 세우기 및 경복궁 복원 프로젝트의 일환이었다. 이를 두고 찬반논란이 뜨거웠다. "일제 침략의 상징이자 치욕의 흔적인 총독부 건물을 완전히 철거해야 한다.""건물을 없앤다고 치욕이 사라지는 건 아니다. 그럴수록 보존해 역사의 교훈으로 삼아야 한다." 완전 철거론, 원위치 보존론, 이전 복원론 등 여러 의견이 대두했다. "땅을 파고 총독부 건물을 땅속으로 내려뜨린 뒤 그 위 지표면을 강화유리로 덮어 건물을 밟고 다니면 어떻겠느냐."라는 아이디어도 나왔다. 치열한 논란 속에서도 완전 철거로 결정이 났다.

1996년 완전히 해체되기 전의 옛 조선총독부 건물

©문화재청

우선 1995년 8월 15일 총독부 청사 중앙 돔 첨탑을 먼저 철거했다. 이어 1996년 11월 전체 건물을 폭파 공법으로 완전히 해체했다.

그 철거 부재들을 독립기념관으로 옮겨 온 것이다. 독립기념관은 철거 부재들을 어떻게 전시할까 고민한 끝에, 땅을 5미터 정도 파고 들어가 계단식 원형으로 공간을 만든 뒤 그 한가운데 첨탑을 전시하기로 했다. 첨탑을 지표면 아래에 배치해 위에서 내려다보는 방식이다. 다른 부재들은 첨탑 주변으로 흩뜨려 배치했다. 흩어져 있는 화강암 부재 하나하나엔 지난날의 상처가 고스란히 담겨 있다.

첨탑을 내려다보도록 한 것은 상징적이다. 늘 고개를 들어 위로 올려보았던 총독부 건물의 중앙 돔 첨탑. 그걸 이제 우리가 내려다본다. 내려다본다는 것, 그건 일제 잔재 청산과 극복을 의미한다. 또한 상처에 대한 해원解寃이기도 하다.

독립기념관에 전시 중인 조선총독부 건물의 철거 부재들. 땅을 파내고 지표면 아래쪽에 첨탑을 전시함으로써 위에서 내려다볼 수 있도록 했다.

서귀포 알뜨르 비행장과 제로센

알뜨르. 그 뜻을 몰라도 속으로 되뇌어보면 그냥 정겹고 아름다운 말이다. 제주 서귀포시 대정읍 상모리의 들녘을 알뜨르라 부른다. 아래(알)에 있는 넓은 들판(뜨르)이라는 의미의 제주 방언이다.

알뜨르를 걷다 보면 여기저기 땅 위로 불쑥 솟아난 무언가가 눈에 들어온다. 큼지막한 무덤 같기도 하고, 독특한 모습에 이끌려 가까이 가보면 놀랍게도 삭막한 철근 콘크리트 구조물이다. 그 위

일제가 중국을 공격하기 위해 만든 제주 알뜨르 비행장의 격납고. ⓒ제주비엔날레
제로센 전투기를 재현한 설치미술품이 내부에 전시되어 있다.

로 풀들이 무성하다. 이 구조물은 일제강점기 때 건설된 비행기 격
납고.

80여 년 전, 알뜨르는 비행장이었다. 낭만적인 비행장이 아니
라 중국을 공격하기 위한 군사 비행장이었다. 일제는 1926년부
터 계획을 세우고 1931~1935년 알뜨르에 폭 70미터, 길이 1.4킬
로미터에 걸쳐 활주로를 조성했다. 그 후 사람들은 그곳을 알뜨르
비행장이라 불렀다. 1937년 중일전쟁을 일으킨 일제는 비행장의
규모를 늘리고 제주 사람들을 강제 동원해 격납고를 건설했다. 나
가사키長崎현의 오무라大村해군항공기지를 이륙한 일본 항공기는
중국 난징南京을 공격한 후 알뜨르에 기착하곤 했다.

태평양전쟁 막바지인 1944년, 일제는 비행장의 규모를 더 늘리

고 지하에 연료고, 창고, 프로펠러 조정장, 계기시험장, 정비소 등의 군사시설을 확충했다. 공사에는 해군 병사나 토목회사 소속 노동자 외에도 하루 4,500여 명의 인력이 강제로 동원되었다고 한다.

알뜨르 비행장에서 가장 두드러진 상흔은 격납고다. 철근 콘크리트 구조물인 격납고는 지붕의 두께가 1미터에 달할 정도로 육중하다. 당시 20기가 건설되었고 현재 19기가 온전한 형태로 남아 있다.

2017년 격납고 주변에선 알뜨르의 상처를 어루만지는 제주비엔날레 미술 전시가 열린 바 있다. 강제 노역의 아픔을 보여주기도 했고, 노란 깃발이 둥글게 어울려 평화의 잉태를 염원하기도 했다. 새를 보듬고 있는 소녀상도 있었고, 제로센 전투기를 재현한 작품도 있었다. 제로센은 태평양전쟁 때 일본 해군항공대의 경량급 전투기였다.

제주도는 알뜨르 비행장을 제주평화대공원으로 조성한다는 계획을 세웠다. 하지만 그 과정이 순탄치 않은 모양이다. 알뜨르 비행장의 격납고 저편으로 산방산이 우뚝 서 있다. 산방산은 제주인들에게 당당하면서도 영험스러운 존재라고 하는데, 그 산은 알뜨르의 수난을 빠짐없이 기억하고 있지 않을까.

정동교회 파이프오르간과 김란사의 꿈

정동真洞 야행夜行. 매년 봄가을 밤, 서울 중구 정동길의 근대 문화유산을 둘러보는 프로그램이다. 정동 야행이 열리면 정동제일교회 벧엘예배당에서 파이프오르간 소리가 울려 퍼진다. 해금과 함께하는 경우도 있다. 그 이색적인 만남에 호기심 가득 귀 기울이는 사람이 많다.

정동제일교회 벧엘예배당에 파이프오르간이 설치된 것은 1918년. 우리나라 첫 파이프오르간이었다. 이곳에 파이프오르간을 설치한 사람은 여성 독립운동가 김란사(1872~1919)이다. 그는 1894년 스물둘의 나이에 이화학당에 지원했다. 하지만 결혼했다는 이유로 입학을 거부당했다. 김란사는 "국가를 지키기 위해선 어머니의 교육이 중요하다"며 수차례 간청했고 1895년 이화학당은 결국 그의 입학을 받아들였다. 이후 김란사는 미국 유학을 마치고 돌아와 모교 이화학당의 교사가 되었다. 여기서 유관순을 만났고, "조선을 밝히는 등불이 되어 달라"며 민족의식을 고취했다.

김란사는 1916년 미국에서 열리는 세계감리교 총회에 한국의 평신도 대표로 참석했다. 그때 미국에서 파이프오르간을 알게 되었다. 이화학당 옆 정동제일교회 벧엘예배당이 생각났다. 곧바로 미국에 있는 동포들에게 호소문을 보냈고 모금을 위한 순회 강연을 열었다. 그 스스로 100달러를 내놓았고, 1,400달러의 기금을 모아 파이프오르간을 구입했다. 한국까지 운반하는 비용 500달러가 더 필요했다. 1918년 무사히 벧엘예배당에 파이프오르간을 설치했고 그 기념으로 김란사가 직접 파이프오르간을 연주했다. 국내 첫 파이프오르간 연주였다.

파이프오르간은 바람을 보내 소리를 내는 건반 악기다. 따라서 바람을 일으키는 송풍실이 있어야 한다. 이 교회의 송풍 장치는 파

1918년 우리나라에서 처음으로 파이프오르간이 설치된 정동제일교회 전경

이프오르간 아래쪽 지하에 있다. 일제강점기 때 이 송풍실에선 독립운동 관련 문서를 등사하기도 했다. 지하 송풍실은 사람이 여럿 들어갈 수 있는 입구가 있지만 겉으로 드러나지 않아 비밀스러운 작업을 하기에 안성맞춤이었다. 정동제일교회 청년들은 「3·1운동 독립선언서」, 지하 '독립신문' 등을 인쇄해 콩나물 바구니에 숨겨 배포했다. 교회 옆 이화학당, 배재학당 학생들도 이곳에서 독립운동 인쇄물을 몰래 제작했다. 파이프오르간 연주 소리가 인쇄물 철필 긁는 소리를 덮어주는 효과도 있었다고 한다.

조국의 독립을 노래하던 김란사는 1919년 파리강화회의 참석차 베이징北京에 들렀다 동포가 마련한 저녁 식사를 마친 뒤 갑자기

6·25전쟁 때 폭격으로 부서진 파이프오르간을 2003년에 복원했다.　ⒸＣ정동제일교회

세상을 떠났다. 의문의 죽음이었다.

　　30여 년 뒤, 6·25전쟁 때 정동교회의 파이프오르간은 폭격으로 부서졌다. 이후 오랜 세월이 흐르고 2003년 파이프오르간은 복원되었다. 김란사의 꿈이 다시 살아난 것일까. 덕분에 김란사를 알리는 기획들이 하나둘 생기고 있다. 2017년 봄엔 서울 정독도서관 앞 서울교육박물관에서 〈신여성 김란사 세상을 밝히다〉라는 이름으로 기획전이 열렸다. 정동제일교회는 2019년 초 벧엘예배당 파이프오르간 도입 100주년을 기념하는 연주회를 개최하기도 했다. 이어 김란사의 모교인 이화여고의 이화박물관은 2019년 〈꺼진 등

에 불을 켜라〉라는 기획전을 마련했다. 김란사의 순국 100주년을 기념하는 자리였다.

망우묘지공원, 안창호와 유상규의 만남과 이별

1938년 3월 경성제국대학 부속병원. 일제에 검거돼 서대문형무소에서 옥고를 치르다 병을 얻어 입원 중이던 도산島山 안창호安昌浩(1878~1938)가 유언을 남겼다. "내가 죽거든 내 시신을 고향에 가져가지 말고, 선산 같은 데 쓸 생각을 말고, 서울 공동묘지에, 유상규 군이 누워 있는 공동묘지에 나를 묻어주오." 안창호는 서울의 망우리공동묘지(지금의 망우묘지공원), 한강이 내려다보이고 볕이 잘 드는 유상규劉相奎(1897~1936)의 무덤 바로 옆에 묻혔다.

죽어서도 함께하고 싶을 정도로, 안창호가 그렇게 좋아했던 사람 유상규. 그는 안창호의 비서이자 독립운동가였다. 유상규는 3·1독립운동 참여 후 경성의학전문학교(서울대 의대의 전신)를 중단하고 상하이上海로 망명해 대한민국 임시정부에서 활동했다.

이후 안창호의 비서로 일하며 흥사단 입단했다. "고국에 돌아가 인재를 양성하고 민족의 역량을 키우라"는 도산의 권고에 따라 유상규는 조국에 돌아와 의사로서 의료 활동을 하며 조국의 독립에 헌신했다. 가난한 이들을 위해 돈을 받지 않고 진료하는 경우도 다반사였다고 한다. 경성의전 강사로 일하던 유상규는 1936년 7월 환자를 치료하다 급성 전염 질환인 단독丹毒에 감염되어 39세의 나이로 짧은 생을 마감했다. 유상규의 장례식은 안창호가 직접 주관

안창호의 묘는 서울 강남의 도산공원으로 옮겨 가고 망우묘지공원에는 추모비와 묘 터 안내비만 남아 있다.

했다.

유상규는 안창호를 스승이자 아버지로 모셨고 안창호는 그를 특히 아꼈다. 안창호는 끝내 그 사랑스러운 제자 곁에 묻혔다.

서울 망우묘지공원엔 근대기의 인물들이 많이 잠들어 있다. 지석영, 한용운, 오세창, 문일평, 조봉암, 이중섭, 이인성, 박인환……. 모두 우리를 숙연하게 하지만, 안창호와 유상규의 인연은 단연 감동적이다.

하지만 지금 그곳에 안창호는 없다. 유상규의 무덤 옆에 안창호의 묘는 온데간데없고 흔적을 알리는 묘지석墓址石만 덩그러니 남아 있다. 1973년 박정희 정부가 서울 강남에 도산공원島山公園을 조성하면서 안창호의 묘를 옮겼기 때문이다. 그런데 안창호와 유상규를 떼어놓는 일이 어떻게 벌어진 것일까. 그때는 도산이 '유상규 옆에

망우묘지공원에 홀로 남은 유상규의 묘

묻어달라'는 유언을 남겼다는 사실조차 모르던 시절이었다. 도산을 좀 더 잘 추모하자는 취지였지만 결과적으로 도산의 뜻을 저버린 꼴이 되었다.

　망우묘지공원의 역사와 가치를 추적하면서 안창호의 유언을 발굴했던 작가 김영식 씨(『그와 나 사이를 걷다―망우리 사잇길에서 읽는 인문학』의 저자)의 말. "도산이 말을 할 수 있었다면, 이장을 거부했을 겁니다. 그게 아니라면 도산공원에 유상규도 함께 데려가지 않았을까요. 도산이 떠난 자리, 홀로 남은 유상규의 묘비가 무척이나 쓸쓸해 보입니다." 망우묘지공원의 유상규의 묘 앞에 서면 이런 생각이 든다. 안창호의 영혼이 도산공원을 빠져나와 이곳에서 제자 곁을 떠도는 것은 아닌지.

부산기상관측소, 배 모양 건물의 비밀

국제시장, 용두공원, 보수동 책방 거리, 부산근대역사관(옛 동양척식회사 부산 지점)을 지나 좁고 한적한 오르막길. 부산 중구 대청동, 복병산 언덕을 향해 한참을 걷다 보면 좁은 골목 끝 가장 높은 곳에 우뚝 솟은 건물이 나타난다. 1934년 지어진 부산기상관측소다.

부산에 기상관측소가 생긴 것은 1904년. 부산을 비롯해 인천, 원산 등지에서 근대적 기상관측이 처음 시작된 해다. 부산기상관측소는 원래 보수동 골목에 있었다. 당시 공식 명칭은 일본 중앙기상대 제1임시관측소. 일제강점기 관측소는 매일 몇 차례씩 기상 정보를 수집해 일본으로 전송했다. 기상 자료는 일제의 군사작전에 사용되기도 했다. 보수동 관측소는 1934년 보수동을 떠나 이곳 복병산 정상에 새 건물을 짓고 옮겨 왔다. 지금 여기선 기상관측만 이뤄지고 행정 업무는 다른 곳에서 본다. 그렇다 보니 관측소 건물 내부는 대부분 비어 있다.

기상관측소 건물은 모양이 좀 특이하다. 외벽이 온통 개나리색 타일로 덮여 있는 데다 건물 오른편 모퉁이 쪽이 위로 갈수록 계단식으로 불쑥 튀어나와 있다. 멀리서 보면 바다를 항해하는 배 모양 같다. 계단을 따라 올라가 맨 위층 모퉁이 작은 방에 들어가면 대형 유리창이 눈에 들어온다. 창 너머로 용두공원 부산타워가 한눈에 펼쳐지고 부산 앞바다가 시원하게 밀려온다. 이 작은 공간은 마치 선장실 같다. 배를 연상시킨다는 말이 그제야 실감이 난다.

부산타워 자리엔 원래 일본 신사神社가 있었다. 1899년에 생긴 국내 최초의 일본 신사였다. 용두공원을 바라보며 머릿속에서 부

1934년에 지어진 부산기상관측소. 당시 일제는 기상 정보를 수집해 일본으로 전송했다.

산타워를 지우고 그 자리에 신사를 얹어본다. "관측소는 신사의 표정과 바다의 날씨, 그리고 사람들의 움직임까지 모두 포착할 수 있었다."라는 어느 건축가의 말이 이해가 간다. 그랬다. 부산 복병산의 기상관측소는 기상관측 그 이상의 역할을 했다. 신사를 관리하고 그곳을 드나드는 한국 사람들을 관찰하는 일까지 맡았을 것이다. 생각이 이즈음에 이르자 배 모양의 선장실이 더 이상 낭만적으로 느껴지지 않는다.

부산기상관측소는 서울기상관측소와 함께 2017년 세계기상기구WMO가 뽑은 '100년 관측소'에 선정됐다. 보수동에 있던 옛 관측소 건물을 복원해 기상자료박물관으로 꾸민다고 한다. 2019년엔 부산기상관측소의 비어 있던 공간을 기상 전시관으로 꾸몄다. 반가운 일이다. 하지만 그 과정에서 잊지 말아야 할 것이 있다. 일제강점기 복병산 관측소가 식민 통치의 수단으로 활용되었다는, 그 안타까운 기억 말이다.

행촌동 딜쿠샤와 권율 장군 은행나무

수령 500년의 육중한 은행나무가 멋지게 서 있는 언덕 마을, 서울 종로구 행촌동. 은행나무 옆에는 권율權慄 장군의 집터가 있고 그 앞에 아름다운 붉은 벽돌 건물이 하나 있다. '딜쿠샤 1923'.

　1923년 건축된 지하 1층, 지상 2층의 서양식 주택이다. 좀 더 정확히 말하면 1923년 짓기 시작해 1924년 완공되었다. 건물을 지은 사람은 당시 서울에서 AP통신 통신원으로 일했던 미국인 앨버트 W. 테일러Albert Wilder Taylor(1875~1948). 그는 건물을 지으며 초석에 'DILKUSHA 1923'이라 새겨 넣었다. 인도의 딜쿠샤 궁전에서 따온 힌두어로, '이상향'이나 '기쁨', '행복'을 뜻한다.

　1897년 한국에 들어온 테일러는 광산업과 상업에 종사하다 1919년 독립운동의 현장을 목격하게 된다. 1919년 2월 28일 서울의 세브란스병원에서였다. 부인이 아이를 출산하기 위해 병원에 입원해 있었고 테일러는 그때 병원에서 한 간호사가 3·1독립선언서를 침대 밑에 숨기는 모습을 우연히 보게 되었다. 테일러는 한국 민중들의 3·1독립운동에 감동했고 AP통신원 자격으로 이 소식을 전 세계에 타전했다. 그는 이에 그치지 않고 제암리 학살 사건 등 일제의 만행도 널리 알렸고 지속적으로 조선의 독립운동을 도왔다. 일제가 가만있을 리 만무했다. 일제는 1941년 그에게 조선을

AP통신원 자격으로 3·1독립운동을 전 세계에 타전한 앨버트 테일러

떠나라고 명령했다. 하지만 테일러는 일제의 명령을 거부했고 이로 인해 6개월간 서대문형무소에 수감되었다. 그 후 1942년 테일러 부부는 일제에 의해 미국으로 추방되었다.

테일러 부부는 그때까지 자녀와 함께 딜쿠샤 건물에서 살았다. 미국으로 돌아간 테일러는 늘 한국으로 돌아오고 싶어 했다. 1948년 미국에서 세상을 떠났지만 결국 그의 뜻에 따라 서울 양화진 외국인 선교사 묘원에 묻혔다.

딜쿠샤 건물은 단아하다. 살짝 변화를 주면서 쌓아 올린 붉은 벽돌에, 지나치게 화려하지 않은 외관. 당시 건물 2층에서는 한강까지 시야에 들어왔다고 한다. 그러나 테일러가 미국으로 돌아간 뒤 이 건물은 개인이 소유했다가 국가 소유가 되었다. 그러나 건물 관리가 제대로 이뤄지지 않아 사람들이 무단으로 들어가 사는 일이 벌어졌다. 무단 점유자는 한때 18가구에 달했다고 한다. 그렇다 보니 내부는 다가구 공동주택인 양 바뀌면서 상당 부분 훼손되었다.

딜쿠샤는 오랫동안 잊혀진 공간이었다. 1990년대까지는 이곳을 《대한매일신보》 사옥이거나 영국인 베델이 살았던 공간으로 추정했었다. 그 정도까지는 추측했지만 정초석에 새겨진 '딜쿠

서울 종로구 행촌동의 '딜쿠샤 1923' 건물(위)과 초석. 보수 복원 공사 이전의 모습이다.

샤 1923'의 코드를 해독하지 못해 더 이상의 진척은 없었다. 이후 2005년 딜쿠샤의 정체가 밝혀졌다. 앨버트 테일러의 아들이 어렸을 적 살았던 추억의 집을 찾고 싶어 했고 국내 연구자와의 공동 노력에 의해 그 희망이 실현된 것이다.

이후 딜쿠샤를 보존해야 한다는 여론이 일기 시작했다. 서울시와 문화재청도 이 건물을 보수·복원하기로 방향을 잡았다. 때마침 2016년 앨버트 테일러의 손녀가 테일러 부부와 딜쿠샤에 관한 자료 30여 건을 서울역사박물관에 기증했다. 기증은 계속 이어져 손녀는 2018년까지 1,000여 건을 내놓았다.

그러나 보수·복원 과정에서 딜쿠샤에 거주하는 사람들의 이주를 놓고 어려움에 봉착했다. 2017년까지 한 가구가 그곳에 남아 있었다. 강제로 철거할 수도 없고, 참으로 난감한 상황이었다.

그 무렵 딜쿠샤를 찾은 적이 있었다. 내부는 황량하고 2층으로 오르는 나무 계단은 금방이라도 무너질 것 같았다. 2층에 거주하는 사람의 시선은 차가운 것 같기도 했고 두려워하는 것 같기도 했다. 그럼에도 오랜 노력 끝에 거주자의 이전 문제가 잘 해결되었다. 덕분에 딜쿠샤 건물은 2017년 등록문화재가 되었고 본격적인 보수·복원 작업을 시작할 수 있었다.

복원 공사는 2020년 마무리되었고 원래 모습을 되찾은 딜쿠샤 건물에서 테일러 부부의 유품을 전시하고 있다. 이 건물의 공식 이름은 '서울 앨버트 테일러 가옥(딜쿠샤)'이다. 딜쿠샤의 붉은 벽돌이 바로 옆 은행나무와 참 잘 어울린다. 은행잎이 노랗게 물드는 가을날 어느 저녁, 주변 가로등에 불이 들어오면 더더욱 그럴 것이다.

대구 청라언덕과 선교사 주택

"봄의 교향악이 울려 퍼지는 / 청라언덕 위에 백합 필 적에 / 나는

서양식 가옥과 한옥을 절충해 지은 대구 동산동의 스윗즈 주택

흰 나리꽃 향내 맡으며 / 너를 위해 노래 노래 부른다⋯⋯." 매년 봄이 되면 듣게 되는 우리 가곡 〈동무 생각〉이다. 이 노래는 1922년 탄생한 우리나라 최초의 가곡이다. 대구 출신의 작곡가 박태준^{朴泰俊}이 곡을 짓고 시인 이은상^{李殷相}이 가사를 붙였다.

이 곡의 무대는 대구 중구 동산동에 있는 청라언덕이다. 경상감영(지금의 경상도 도청)에서 멀지 않은 곳, 대구 근대 거리의 한복판이다. 박태준은 1910년대 계성학교 학창 시절, 청라언덕 인근 신명여자학교의 한 학생을 좋아했다. 그 학생에 대한 그리움을 담아 지은 곡이 바로 〈동무 생각〉이다.

청라^{靑蘿}는 푸른 담쟁이를 말한다. 100여 년 전 이곳엔 푸른 담쟁이가 많이 자랐다고 한다. 그래서 청라언덕이란 이름이 붙었다.

그런데 그 담쟁이를 심은 건 대구 지역의 의료 선교사들이었다.

청라언덕엔 근대기 선교사들이 살았던 주택 세 채가 남아 있다. 블레어[Blair] 주택, 챔니스[Chamness] 주택, 스윗즈[Switzer] 주택. 선교사들의 이름을 따서 이렇게 부른다. 모두 1910년경 붉은 벽돌로 지은 2층집이다. 세 채 모두 미국에서 유행했던 주택의 분위기가 물씬 풍긴다.

청라언덕의 100계단

이 가운데 스윗즈 주택이 가장 눈길을 끈다. 붉은 벽돌 벽체에 기와지붕을 올렸기 때문이다. 서양식 가옥과 한옥을 절충한 것이다. 벽돌 사이 스테인드글라스도 인상적이다. 햇살이 비치면 색색으로 빛나는 유리창. 청라언덕은 이국적이고 단정하다.

여기 살았던 선교사들은 의료 활동에 헌신했다. 바로 옆 동산의료원 121년의 역사를 함께하며 대구 지역 근대 의료를 개척한 사람들이다. 선교사 주택의 정원엔 선교사와 가족들이 묻혀 있다. 1948년부터 1993년까지 45년 동안 동산의료원장을 지냈던 미국인 하워드 모펫[H.F Moffett]도 이곳에서 영면하고 있다. 그는 1993년 고국으로 돌아간 뒤에도 매년 한 차례 대구를 찾아 챔니스 주택에서 며칠씩 묵었다고 한다. 그러고는 2013년 세상을 떠나 평생 헌신했던 곳 청라언덕으로 영원히 돌아왔다.

고즈넉한 청라언덕. 대도시의 한복판에 이렇게 한적하고 아름다운 곳이 또 어디 있을까 싶다. 그 아름다움의 뿌리는 사랑과 그리움일 것이다. 이국땅에서 무수한 생명을 구했던 의료 선교사들의 헌신, 작곡가 박태준의 풋풋한 청춘. 청라언덕을 걷노라면 선교사들의 흔적에 고개 숙여지고, 나도 모르게 〈동무 생각〉을 흥얼거리게 된다.

양화진 외국인 묘지, 헐버트 묘비명의 비밀

양화진楊花津. 버드나무 사이로 강물이 출렁였던 한강 나루터. 지금은 다 사라지고 자동차와 전철이 질주하지만, 이곳 서울 마포구 합정동에 양화진 외국인 선교사 묘원이 있다.

연세대를 설립한 언더우드 일가, 이화여대를 설립한 메리 스크랜턴, 크리스마스실을 만들고 결핵 퇴치에 앞장섰던 셔우드 홀, 백정의 해방을 위해 헌신한 새뮤얼 무어, 고아를 위해 일생을 바친 소다 가이치, 배재학당을 창설한 아펜젤러, 배화학당을 세운 조세핀 캠벨……. 역사 시간에 한두 번 들어봤을 법한 이름들. 19세기 말~20세기 초 한국에서 한국인을 위해 살아갔던 벽안碧眼의 이방인들이다.

경치 좋은 한강 변에 외국인 묘역이 처음 조성된 것은 1890년이었다. 묘원 초입엔 영국인 어니스트 T. 베델Ernest Thomas Bethell(1872~1909)의 묘비가 우뚝 서 있고 그 옆에 미국인 호머 헐버트Homer Hulbert(1863~1949)의 묘비가 있다. 《대한매일신보》를 창간하고

서울 양화진 외국인 선교사 묘원(왼쪽)과 《대한매일신보》를 창간하고 항일운동을 펼친 어니스트 베델의 묘비

항일운동을 펼치다 고문 후유증으로 생을 마감한 어니스트 베델, 고종의 외교 고문으로 독립운동에 몸 바친 호머 헐버트.

이런 일도 있었다. 1907년 2월, 일본의 궁내대신 다나카 미쓰아키田中光顯가 개성의 경천사 터에 있던 10층 석탑을 약탈해 가는 사건이 발생했다. 다나카는 고종이 경천사 탑을 하사했다는 거짓말로 사람들을 속이고 인부를 동원해 탑을 해체해 도쿄에 있는 자신의 집으로 밀반출했다.

이 만행을 폭로한 사람은 베델과 헐버트였다. 약탈 사건 한 달 뒤인 1907년 3월 베델은 《대한매일신보》의 영문판 《Korea Daily News》에 일제의 경천사탑 약탈 사실을 폭로하고 반환의 당위성을 역설했다. 헐버트는 일본의 영자신문 《Japan Mail》과 《Japan Chronicle》에 약탈 사실을 알려 반환 여론을 이끌어냈다. 두 이방인의 헌신적인 노력 덕분에 비난 여론이 비등해졌고 1918년 다나카는 결국 이 탑을 한국에 반환했다. 경천사 10층 석탑(고려 1348년)은 국보 86호로 지정되어 현재 국립중앙박물관 중앙홀에 전시 중이다.

베델과 헐버트 모두 양화진 외국인 선교사 묘원에 묻혀 있지만 헐버트의 묘비에는 애틋한 사연이 담겨 있다. 헐버트는 1886년 스물셋의 나이로 한국에 들어왔다. 교육과 선교에 힘쓰다 점차 한국의 정치 현실에 관심을 갖게 됐다. 1905년 을사늑약의 부당성을 세계에 알렸고, 1907년 헤이그 만국평화회담 밀사 파견을 이끌었다. 이를 이유로 일제는 헐버트를 미국으로 추방했다.

미국으로 추방된 헐버트는 그곳에서도 조선의 독립을 외치며 "웨스트민스터 성당보다 한국 땅에 묻히길 원하노라."라고 되뇌곤 했다. 그늘 늘 한국 땅이 그리웠을 것이다.

마침내 한국이 광복을 했고 4년이 흐른 1949년, 헐버트는 광복절 행사에 참석해달라는 이승만 대통령의 초청을 받았다. 85세의 노구였지만 행복한 마음으로 한국행 선박에 올랐다. 1945년 7월 29일 한국에 도착한 그는 안타깝게도 여독을 이겨내지 못하고 8월 5일 서울 청량리 위생병원에서 세상을 떠났다. 운명이었을까. 한국에 묻히고 싶다던 그의 꿈은 그렇게 이루어졌다.

사망 직후 헐버트 박사 장의위원회를 구성해 그를 양화진 외국인 선교사 묘원에 안장하고 묘비를 세웠다. 묘비에 그의 출생 일시, 사망 일시와 "나는 웨스트민스터 성당보다 한국 땅에 묻히길 원하노라."라는 평소 그의 말을 새겨 넣었다. 그리고 묘비 한가운데 '헐

고종의 외교 고문으로 독립운동에 몸 바친 호머 헐버트와 그의 묘비

버트 박사의 묘'라는 문구는 이승만 대통령이 써주기로 약속했다. 하지만 이승만 대통령이 차일피일 미루다 약속을 지키지 못했다. 묘비명은 세상의 관심에서 멀어져갔다. 한국의 독립을 위해 헌신한 헐버트인데 묘비명에 이름 하나 새겨 넣지 못하고 빈 채로 남겨 두었다니…….

1990년대 들어 헐버트 묘비명을 그대로 두어선 안 된다는 반성의 목소리가 나왔다. 헐버트기념사업회의 관계자 등 많은 사람들이 청와대에 수차례 청원을 올리며 꾸준히 노력을 기울였다. 1999년 드디어 김대중 대통령이 이에 화답을 보냈다. 그해 8월 김대중 대통령의 글씨로 '헐버트 박사의 묘'라는 일곱 글자를 새겨 넣었다. 벽안의 이방인에 진 빚을 50년 만에 갚은 것이다.

양화진 외국인 묘원은 이국적 정취가 물씬 풍긴다. 묘비를 둘러

보면 간혹 6·25전쟁 총탄 자국도 눈에 뜨인다. 표면이 벗겨진 묘비도 있다. 한국인보다 한국을 더 사랑했던 이방인들의 흔적. 우리를 숙연하게 한다.

8. 분단과 전쟁의 상흔

벌교 보성여관과 『태백산맥』의 상흔

"지금이 어느 때라고, 반란 세력을 진압하고 민심을 수습해야 할 임무를 띤 토벌대가 여관 잠을 자고 여관 밥을 먹어?" 조정래의 대하소설 『태백산맥』3권에 나오는 표현이다. 소설 속에서 경찰토벌대장 임만수와 대원들이 숙소로 사용했던 남도여관. 당시 그곳의 실제 이름은 보성여관이었다. 전남 보성군 벌교에 가면 지금도 이 여관이 있다.

보성여관은 1935년 벌교 한복판에 들어섰다. 벌교 지역이 한창 번창하던 때였다. 일제강점기, 벌교는 교통의 요지였다. 선착장에는 배들로 가득했고 일본인들의 왕래도 잦았다. 벌교 읍내는 먹을거리도 많았고 상업이 번창했다. 읍 단위에는 통상 주재소가 있는 법인데 벌교에는 이례적으로 경찰서가 있었다. 늘 돈이 돌았고, 사람들이 북적였다. 그렇다 보니 주먹패도 생겨났다. "벌교 가서 돈

전남 보성 벌교읍의 보성여관 야경.
2012년부터는 복합문화공간으로 이용되고 있다.

©문화유산국민신탁

자랑, 주먹 자랑 하지 말라."라는 말도 그렇게 생겨났다.

보성여관은 벌교역과 함께 그 중심지였다. 여관엔 사람들이 몰렸다. 광복 후에도 보성여관으로 운영되었으나 1988년 여관 영업을 중단하고 가게 점포로 사용했다. 세월이 흐르다 1989년 소설 『태백산맥』이 완간되고 이곳을 보존 활용해야 한다는 의견이 대두되었다. 2008년 문화재청이 여관을 매입했고 보수 복원을 거쳐 2012년부터 문화유산국민신탁이 관리 운영하고 있다. 갤러리, 공연장, 체험 공간, 카페, 숙박 시설 등을 갖춘 복합문화공간이다.

2층짜리 일본식 건물인 보성여관은 근대기 여관 건축의 특징을 잘 보여준다. 건물 외벽은 목제 비늘판벽으로, 지붕은 일본식 기와로 마감했다. 쌍여닫이문으로 된 주 출입문, 다양한 모양의 유리창,

큼직한 굴뚝 등이 멋스러운 분위기를 자아낸다.

벌교엔 보성여관뿐만 그 주변으로도 『태백산맥』의 흔적이 즐비하다. 소설의 첫 장면에 등장하는 현 부자네 집(1939년 건축), 애틋하고 예쁘장한 소화 무당의 집(2008년 복원), 포구를 가로지르는 무지개 모양의 횡갯다리(홍교, 18세기 건축), 많은 사람들이 목숨을 잃어야 했던 소화다리(부용교, 1931년 건축), 벌교 철교(1930년 건축), 옛 벌교 금융조합(1919년 건축)……. 모두 분단과 이념 갈등의 상흔이다.

지금의 벌교는 예전 같지 않다. 그래도 읍 단위의 다른 지역에 비하면 분주한 편이다. 여전히 생동감이 넘친다. 그래서일까, 벌교에 가면, 보성여관에 가면 여전히 돈 자랑, 주먹 자랑은 하지 말아야 할 것 같다.

장단역 증기기관차와 뽕나무 한 그루

1950년 12월 31일 오후 10시경, 경기 파주시 장단역. 개성 방향에서 북한의 화물 증기기관차가 천천히 플랫폼으로 들어왔다. 그 순간, 기관차 위로 포탄이 폭우처럼 쏟아졌다. 당시 기관사는 한준기(1927~2011)였다. 국군의 군수물자를 운반하기 위해 개성에서 평양으로 가던 한준기는 중국군에게 길이 막히자 황해도 평산군 한포역에서 북한 기관차로 갈아타고 장단역으로 들어오던 중이었다. 북한 기관차가 들어서자 우리 국군이 북한군으로 오인해 폭격을 가한 것이다. 한준기가 평양에 도착하지 못하고 중간에 돌아온 것은 이듬해 닥쳐올 1·4후퇴의 불길한 전조였다.

1950년 12월 폭격으로 파주 장단역에서 멈춘 기관차 화통. 2006~2009년 보존 처리를 마치고 지금은 임진각에 전시해놓았다.

　폭격으로 인해 기관차는 탈선한 채 그대로 멈췄다. 표면은 온통 총탄 자국이었고 바퀴와 철로는 부서지고 휘어졌다. 시간도 함께 멈췄다. 파주 장단역은 휴전 후 비무장지대DMZ가 되었고 사람들의 발길은 끊어졌다. 세월이 흐르면서 증기기관차 화통은 점점 검붉게 녹이 슬어갔다. 길이 15미터, 높이 4미터, 무게 70톤. 이 녹슨 쇳덩이는 이후 분단의 상징물이 되었다. 기관차에 자라는 한 그루 뽕나무가 특히 눈길을 끌었다. 그것은 강인한 생명력으로 여겨지기

탈선해서 멈춰선 원래 장소의 기관차 모습

도 했고 더러는 처연함으로 비쳐지기도 했다.

2000년대 들어 이 기관차 화통을 DMZ에 방치해선 안 된다는 의견이 나오기 시작했다. 이에 따라 문화재청은 보존 처리하기로 결정하고 2006년 11월 임진각으로 옮겨 보존 처리에 들어갔다. 가장 힘든 작업은 녹 제거였다. 녹 제거는 미세한 나무 조각 등을 물 뿌리듯 분사해 녹을 떼어내는 식으로 진행되었다. 분사의 힘이 너무 약하면 녹이 떨어지지 않고 지나치게 강하면 기관차 표면이 손상될 우려가 크다. 따라서 적절하게 분사 강도를 조절하는 것에 각별히 신경 써야 했다. 녹을 제거하고도 녹이 슨 것처럼 색깔과 모습을 유지하는 것도 중요했다. 세월의 흔적을 남겨야 하기 때문이다.

2009년 보존 처리를 마친 증기기관차 화통은 비무장지대로 돌아가지 않고 임진각에 남았다. 역사적 교훈으로 활용하기 위해서였다. 위치는 자유의 다리 바로 옆. DMZ의 녹슨 기관차 위에서 분단의 아픔을 지켜봤던 뽕나무도 근처에 옮겨 심었다. 장단역에 버려져 있던 침목과 레일을 활용해 철길도 조성했다. 철길의 침목엔 평양을 거쳐 신의주까지 경의선의 여러 역 이름을 적어놓았다. 그 옆엔 또 이렇게 적혀 있다. '철마는 달리고 싶다. DMZ 넘어 저곳으로!'

왜관철교, 그 최후의 방어선

1950년 8월, 우리 국군과 유엔군은 낙동강까지 밀렸다. 낙동강이 뚫리면 그것으로 끝이었다. 최후의 방어선 낙동강. 무슨 수를 써서라도 사수해야 했다. 그 절박함 속에서 미군 제1기병사단은 낙동강을 가로지르는 왜관철교의 일부 구간을 폭파했다. 북한군의 남진을 막기 위한 불가피한 선택이었다. 이로써 북한군의 추격을 따돌렸고 북진北進의 전기를 마련할 수 있었다. 이때부터 왜관철교는 '호국의 다리'로 불려왔다.

다리(교량)는 전쟁과 늘 악연이다. 다리에서 중요한 전투가 치열하게 벌어지기 때문이다. 1950년 12월 초 평양의 대동강 철교. AP통신의 종군기자 맥스 데스퍼Max Desfor는 당시 대동강 철교 사진을 찍었다. 〈대동강 철교를 건너는 피란민〉이란 이름의 사진. 그 사진 속엔 파괴된 철교 위를 목숨 걸고 아슬아슬하게 건너는 사람들로 가득하다.

판문점 공동경비구역JSA에 있는 돌아오지 않는 다리. 포로 교환

1950년 8월 우리 군과 유엔군은 최후의 방어
선인 낙동강을 가로지르는 왜관철교 일부를
폭파해 북한군의 추격을 따돌렸다.

때 이 다리를 건너면 다시는 돌아
올 수 없다고 해서 이런 이름이 붙
었다.

붉은 벽돌로 마감한 교각 부분

　판문점에서 임진강을 따라 임
진각으로 가다 보면 자유의 다리가
나온다. 휴전협정 뒤 포로였던 국
군과 유엔군 1만 2,773명이 이 다
리를 건너오면서 지금의 이름을 얻었다. 당시 포로들은 차량으로
경의선 철교까지 온 뒤 자유의 다리를 걸어서 건넜다. 그들에게 이
다리는 생명이고 자유였다.

　경북 칠곡군 왜관철교는 20세기 지난했던 역사를 온몸으로 보
여준다. 이 철교는 원래 1905년 일제가 대륙 침략을 위해 부설한
군용철도의 교량이었다. 1941년 인근 낙동강 상류 쪽에 복선複線

철교가 건설되면서 왜관철교는 인도교로 사용되기 시작했다. 이후 6·25의 격전을 치렀으며 2011년엔 홍수로 교각 하나가 유실되고 상판 2개가 붕괴되기도 했다.

왜관철교는 독특한 모양의 교각을 지니고 있다. 단순히 콘크리트로 조성한 것이 아니라 표면에 수많은 화강암을 덧대어 한껏 멋을 냈다. 교각의 아래쪽은 아치를 만들고 붉은 벽돌로 마감했다. 근대기 철교 가운데 매우 드문 경우다.

지금 왜관철교는 평화롭기만 하다. 언제 이곳에서 전투가 벌어졌을까 싶다. 낙동강 물에 잠겼다 드러나기를 무수히 반복했을 교각의 아치 부분. 낙동강 물길은 전쟁의 상처를 얼마나 치유해줄 수 있을까. 전쟁에서 다리는 치열한 격전장이고 죽음의 공간이었지만 끝내 자유의 길이고 생명의 길이었다.

임시 수도 정부청사와 부산 야행

쫙 펼쳐진 붉은 벽돌의 외벽, 벽돌과 창문의 질서 정연함과 거기 숨겨진 경쾌한 리듬감, 고풍스러움과 현대적 분위기의 멋진 조화……. 부산 도심 한복판 부민동에 있는 동아대 석당박물관은 건축적으로 가장 매력적인 박물관 가운데 하나다.

이 건물은 1925년 경남도청이 진주에서 부산으로 옮길 때 도청 건물로 지어졌다. 이어 6·25전쟁의 와중에 대한민국 임시 수도 정부청사로 사용되었다. 전쟁 이후 다시 경남도청으로 돌아갔고 1983년 경남도청이 창원으로 옮겨 간 뒤 부산지방법원, 부산지방

6·25전쟁 와중에 대한민국 임시 수도 정부청사로 쓰였던
현재의 동아대 석당박물관 　　　　　　©동아대 석당박물관

검찰청으로 이용되었다. 그러고는 2002년 동아대가 인수해 박물관
으로 사용하고 있다.

　국보 〈동궐도〉, 보물 〈안중근 의사 유묵〉 등 동아대 석당박물관
의 컬렉션은 수준이 높기로 정평이 나 있다. 이런 명성에 걸맞게 옛
임시 수도 정부청사 건물도 곳곳이 매력적이다. 2층짜리 붉은 벽돌
건물은 특히 정면이 강렬하다. 캐노피가 있는 중앙 출입구를 중심
으로 날개를 펼친 듯 좌우 대칭이 돋보인다. 어느 설명을 보면 "서
구 르네상스 양식의 변형된 형태"라는 대목이 나오지만, 이런 전문
용어가 아니더라도 이 건물은 그 자체로 반복과 균형과 조화를 잘
구현했음을 쉽게 알 수 있다.

　이 건물의 100년 가까운 역사에서 가장 중요한 시기는 6·25
전쟁기가 아닐 수 없다. 전쟁 발발 두 달 후인 1950년 8월 18일부

터 1953년 8월 14일까지 만 3년 동안 대한민국 정부의 임시 청사로 사용되었기 때문이다.

암울하고 혼란스러웠던 시절이었지만 부산의 역사에서는 매우 중요했다. 대통령과 관료, 정치인들이 모두 부산에 모였고 대학들도 부산으로 옮겨 왔다. 피란민도 늘어나 40만 명이었던 부산 인구는 100만 명에 달했다. 시인, 소설가, 화가들은 전란의 와중에도 부산에서 예술혼을 불태웠다.

그 시절, 대한민국의 중심은 부산이었고 부산의 중심은 지금의 동아대 박물관 건물이었다. 근처엔 임시 수도 시절 대통령 관저로 사용했던 옛 경남도지사 관사 건물도 있고 영화(2014년 개봉한 〈국제시장〉)로 더욱 유명해진 국제시장도 있다. 박물관 옆에는 부산 지역에서 1968년까지 운행되었던 전차도 전시되어 있다.

부산에서는 매년 '피란 수도 부산'을 주제로 문화재 야행이 열린다. 부산 도심에 산재한 근대의 흔적을 둘러보는 프로그램이다. 야행이 열릴 때마다 그 중심은 임시 수도 정부청사가 된다. 동아대 석당박물관도 임시 수도 정부청사였다는 역사적 사실을 부각시키면서 지속적으로 관련 프로그램을 진행하고 있다. 전쟁과 피란과 임시 수도와 부산. 부산 도심의 문화 풍경은 최근 들어 이렇게 바뀌었다. 흥미롭고 의미 있는 변화가 아닐 수 없다.

연천역 급수탑과 금강산 가는 길

일제강점기 때엔 금강산 관광이 유행이었다. 학생들도 금강산으로

금강산으로 가는 길목이었던 경기도 연천역의 급수탑. 증기기관차에 물을 공급했던 곳이다.

수학여행을 떠났다. 금강산 가는 길을 안내하는 지도나 홍보물이 지금도 많이 남아 있을 정도다. 그때는 서울에서 금강산을 가려면 경원선京元線(서울~원산)을 타고 연천역, 신탄리역을 지나 철원역에서 내려 금강산 가는 전차(금강산선)로 갈아탔다. 경기도 연천은 금강산으로 가는 길목이었다.

우리나라 초창기 열차는 증기기관차였다. 물을 뜨겁게 데워 수증기의 압력으로 피스톤을 움직이고 그 힘으로 바퀴를 돌렸던 증기기관차. 가장 중요한 것은 물이었다. 물이 떨어지면 증기기관차를 운행할 수 없었기 때문이다. 그래서 기차역에는 물을 공급하는 시설이 있었다.

경원선 열차는 연천역에서 물을 공급받았다. 연천역에 가면 지금도 일제강점기 때 사용했던 급수탑이 남아 있다. 높이 15미터의 콘크리트 구조물인 연천역 급수탑은 1914년에 생겼다. 연천역은 서울과 원산을 오갔던 경원선의 중간쯤에 위치한다. 열차가 굉음을 토해내며 숨 가쁘게 역에 들어서면 급수탑을 통해 기관차 뒤에 달린 탄수차炭水車에 열심히 물을 공급했다. 연천역 급수탑에는 최대 100톤까지 물을 저장하는 물탱크가 설치되어 있었다.

당시 열차에 물을 공급하는 동안 연천 사람들은 그 모습을 신기한 듯 구경하곤 했다. 승객들도 잠시 열차에서 내렸다. 그사이 연천역에는 자연스레 물물교환 시장이 형성되었다. 그들은 금강산 얘기도 주고받았을 것이다. 흥미로운 풍경이 아닐 수 없다.

급수탑은 1950년대 디젤기관차가 등장하면서 그 기능이 멈춰 버렸지만 증기기관차 시대에는 철도 교통의 필수 시설이었다. 연천역뿐만 아니라 강원 도계역, 충북 추풍령역, 충남 연산역, 경북 안동역, 경북 영천역, 경남 삼랑진역에도 급수탑이 남아 있다. 연천역의 여러 건물은 6·25전쟁 때 폭격으로 모두 사라졌다. 그러나 급수탑만은 원형대로 잘 남아 있다. 상자 모양의 급수탑 건물을 보면 외벽 곳곳에서 총탄의 흔적을 발견할 수 있다. 전쟁의 상흔이다.

1914년 개통되어 서울에서 원산까지 달렸던 경원선 철도. 하지만 지금은 길이 끊겼다. 금강산 가는 길도 막혔다. 신록의 계절이 되면 연천역 급수탑은 온통 초록이다. 담쟁이덩굴이 원통형 급수탑을 친친 휘감아 올라간다. 그 모습을 보고 누군가 "금강산을 향한 지독한 그리움 같다."라고 말하는 걸 들은 적이 있다.

강원도 철원군의 민간인 통제 구역 출입구 바로 앞에 무너질 듯 서 있는 옛 북한 노동
당사

철원 노동당사와 폐허의 역설

강원 철원군 관전리 민간인 통제 구역 출입구 바로 앞. 무너지다 만 3층짜리 콘크리트 건물 한 채가 우뚝 서 있다. 뼈대뿐인 건물의 외벽엔 온통 총탄 자국이다. 그 모습이 너무나 처참해 실제 건물이라기보다는 마치 영화 세트장이나 설치미술 같기만 하다.

　이 건물은 1946년 북한 조선노동당에서 세운 노동당사勞動黨舍다. 광복 이후 분단 때부터 6·25전쟁이 발발할 때까지 철원은 북한으로 넘어갔다. 그 공산 치하에서 북한 노동당이 주민들을 강제로 동원해 이 건물을 지었다. 건축 비용을 마련하기 위해 마을당 쌀

옛 노동당사 뒤쪽 벽에 가득한 총탄 흔적

200가마씩 강제로 징수하기도 했다. 내부 공사 시에는 비밀을 유지하기 위해 공산당원 외에는 안으로 들이지 않았다고 한다. 이 노동당사는 당시 철원을 비롯해 김화, 포천 등지를 관할했다. 사람들의 재산을 수탈하고 애국 인사들을 체포해 이곳에서 고문하고 학살했다. 실제로 노동당사 뒤편 방공호에서 인골들이 발견되기도 했다.

　전쟁의 와중에 노동당사 건물은 폭격으로 대부분 무너지고 벽체만 앙상하게 남았다. 그래도 규모는 비교적 웅장하다. 1층은 각 방 구조가 남아 있으나 2, 3층은 내려앉아 구조를 알 수 없다. 건물 뒷면은 더욱 처참하다. 외벽 가운데 1층 벽체가 상당 부분 허물어졌다. 무너진 부분은 추가 붕괴를 막기 위해 철제 기둥으로 받쳐

비무장지대 남방한계선 바로 앞에 있는 월정리역

놓았다. 옆면 외벽과 내부 곳곳도 철제 구조물을 세워 벽체를 지탱하고 있다.

철원은 6·25전쟁 최대의 격전지였다. 그래서 곳곳에 전쟁의 상흔이 남아 있다. 철원역, 월정리역, 노동당사, 농산물검사소, 얼음창고, 철원 제일감리교회 등. 전쟁이 끝나고 우리는 철원의 3분의 2를 수복했다. 그렇게 해서 노동당사 건물은 우리 땅에 속하게 되었다.

노동당사를 지나 민통선 안으로 들어가면 월정리^{月井里}역이 나온다. 경원선의 간이역이었던 월정리역은 비무장지대 남방한계선 바로 앞에 있다. 여기엔 1950년 6월 폭격을 맞고 멈춰 선 열차의 잔해가 남아 있다. 객차는 종잇장처럼 무참하게 구겨져 뼈대만

서울 104KM   평 강 19KM   성 진 478KM
부산 543KM   원 산 123KM   청 진 653KM
목포 525KM   함 흥 247KM   나 진 731KM

월정리역의 '철마는 달리고 싶다'라는 문구가 가슴을 파고든다.

앙상하다. 그 처절한 잔해 틈새로 돌이 뒹굴고 작은 나무들이 힘겹게 자라고 있다. 바로 옆 간판에 써놓은 문구가 가슴을 파고든다. '철마는 달리고 싶다.' 월정리는 '달빛 비치는 우물이 있는 마을'이라는 뜻. 지명은 이토록 시정詩情이 넘치는데, 현실은 전혀 그렇지 않다.

철원 노동당사 주변은 적요하다. 이따금 민통선 출입구를 드나드는 사람들이 보일 뿐 이곳은 언제 찾아가도 긴장감이 가득하다.

봄가을에 꽃이라도 핀다면 그 분위기는 더욱 처연해진다. 부서진 건물, 그 폐허에 담겨 있는 묘한 매력. 그 매력은 분단의 상흔이 만들어낸 안타까운 역설이기도 하다.

1 안창모, 「대한제국과 경인철도 그리고 서울역」, 『철도저널』 제19권 제6호, 한국철도학회, 2016.

2 알라이다 아스만(변학수·채연숙 옮김), 『기억의 공간-문화적 기억의 형식과 변천』, 그린비, 2011, 30쪽.

3 피에르 노라 외(김인중·유희수 외 옮김), 『기억의 장소』 1권, 나남, 2010, 14쪽.

4 최정은, 「사회적 기억과 구술과 기록화 그리고 아키비스트」, 『기록학 연구』 30호, 한국기록학회, 2011, 32쪽.

5 최정은, 앞의 글 참조.

6 알로이스 리글은 『기념물의 현대적 숭배』에서 기억의 가치와 현재적 가치로 나눈다. 이것을 기억이란 시각으로 정리해보면 기억의 가치는 역사적 기억, 현재적 가치는 현재적 기억의 의미와 상통한다. 알로이스 리글(최병하 옮김), 『기념물의 현대적 숭배』, 기문당, 2013.

7 피에르 노라 외, 앞의 책, 69~186쪽 참조.

8 알라이다 아스만, 앞의 책, 177쪽.

9 알라이다 아스만, 앞의 책, 81~84쪽 참조.

10 투르 드 프랑스에 관해선 피에르 노라 외, 『기억의 장소』 5권, 9~66쪽 참조.

11 피에르 노라 외, 앞의 책, 19쪽.

12 알라이다 아스만, 앞의 책, 541쪽.

13 도미니크 플로(김한결 옮김), 『박물관의 탄생』, 돌베개, 2014, 210~211쪽.

참고 문헌

강동진, 『빨간 벽돌창고와 노란 전차』, 비온후, 2008.

곽대영·한아름, 『공장 굴뚝에 예술이 피어오르다』, 美세움, 2016.

국립민속박물관, 『교동도의 시계수리공과 이발사』, 2012.

국립민속박물관, 『의성 성광성냥공업사와 극장 간판화가 백춘태』, 2012.

국립민속박물관, 『강화의 직물, 소창』, 2019.

국립민속박물관, 『우리 술 문화의 발효공간, 양조장』, 2019.

김명식, 『건축은 어떻게 아픔을 기억하는가』, 뜨인돌, 2017.

김정후, 『발전소는 어떻게 미술관이 되었는가』, 돌베개, 2013.

김태훈, 『우리가 사랑한 빵집 성심당』, 남해의봄날, 2016.

대한민국역사박물관·문화재청, 『등록문화재, 광화문에서 보다』, 2021.

박천홍, 『매혹의 질주, 근대의 횡단』, 산처럼, 2003.

백종옥, 『베를린, 기억의 예술관』, 반비, 2018.

서울역사박물관, 『딜쿠샤와 호박목걸이』, 2018.

서울역사박물관, 『인현동, 세상을 찍어내는 인쇄골목』, 2016.

서울대학교병원 의학역사문화원, 『대한의원 탑시계 복원사업 백서』, 2014.

안창모, 「대한제국과 경인철도 그리고 서울역」, 『철도저널』 제19권 제6호, 한국철도학회, 2016.

윤주, 『도시재생 이야기』, 살림, 2017.

이광표, 「근대생활유산과 기억의 방식」, 『민속학연구』 제41호, 국립민속박물관, 2017.

인천광역시·국립민속박물관, 『2019 인천 민속문화의 해 특별전 메이드 인 인천』, 2019.

인천광역시립박물관, 『火生防展』, 2016.

임석재, 『시간의 힘』, 홍문각, 2017.

임석재, 『한국의 간이역』, 인물과사상사, 2009.

임수진, 『예술가의 여관』, 이야기나무, 2016.

전진성, 『역사가 기억을 말하다』, 휴머니스트, 2009.

주경철·민유기 외, 『도시는 기억이다』, 서해문집, 2017.

최정은, 「사회적 기억과 구술과 기록화 그리고 아키비스트」, 『기록학 연구』 30호, 한국기록학회,
     2011.

티엘엔지니어링·티엘갤러리 엮음, 『도시, 美를 입히다』, 호밀밭, 2017.
황보영조, 『기억의 정치와 역사』, 역락, 2017.

도미니크 플로(김한결 옮김),『박물관의 탄생』, 돌베개, 2014.
알라이다 아스만(변학수·채연숙 옮김), 『기억의 공간-문화적 기억의 형식과 변천』, 그린비, 2011.
알로이스 리글(최병하 옮김), 『기념물의 현대적 숭배』, 기문당, 2013.
피에르 노라 외(김인중·유희수 외 옮김), 『기억의 장소』 1·2·5, 나남, 2010.